JN074606

テニス
サービス上達

完全バイブル

差がつくトレーニング

日本テニス協会S級エリートコーチ **神谷 勝則** 監修

メイツ出版

はじめに

　この本は、テニスのさまざまなプレーの中でも「**サーブ**」だけに特化し、上達のコツを **50 ポイント紹介**した本です。

　けれども、「グリップはこう…、スタンスはこう…、構えは…」といった、**具体的で断定的な型は、残念ながら紹介していません**。なぜなら、私の考える指導方針とは異なるものだからです。

中級・上級のプレーヤーでも、実は身体を正しく使えていない

　テニスの指導というと、みなさんはこんな場面を想像しませんか？

　まずコーチが模範のフォームを見せ、その運動動作をもとに生徒がラケットを振る。そのフォームを見ながら、コーチが「グリップはもう少し浅く握って」とか「肘はもう少し曲げて」とアドバイスし、理想のフォームに近づけていく —— 。このように見た目のフォームを固めることから入る指導を「経過分析」の指導と呼びます。けれども、**「経過分析」の指導には限界がある**と私は思います。

　その理由の 1 つ目は**「ほとんどのプレーヤーが身体を正しく使えていない」**と感じるからです。中級レベル、あるいは上級レベルと言われるプレーヤーでさえ、実は正しい身体使いが出来ていない人がほとんどなのです。

　理由の 2 つ目は**「"理想的なフォーム"はプレーヤーごとに異なる」**と考えるからです。プレーヤーごとに、身体的特徴も、筋肉量も、運動能力も違います。ただ 1 つのフォームを、すべてのプレーヤーにとって理想的なものとするのは無理があり、そこで指導できることには限りがあるのです。

　つまり、非常に根源的で個別具体的な「身体の使い方」という点を見直し、改善する前に、握りやグリップという局部的な部分にフォーカスして上達しようとしているのです。

身体使いの現状をセルフチェックし、上達させる 50 メソッドを紹介

　そこで私は、**人間が本来持つ機能を高めることから入る「機能分析」**の指導を行なっています。これは、いきなりテニスの専門知識を学ぶのではなく、**「身体の正しい使い方」**を覚えることから始める指導方法です。

では、正しい身体使いとは何なのでしょうか？　それをひもとくために、まず「テニスというのは球技である」という大前提を思い出してみましょう。**球技に必要な基本的能力には「走る」「投げる」「捕る」「打つ」などがあり、テニスにおいてもこのような能力が当然必要となります**。けれども、これらの能力自体が欠けているプレーヤーが多いのです。

　さらに、サーブで考えてみましょう。サーブを打つという動作は「ボールを投げる」動作と基本的に同じです。また、トスアップしたボールをとらえる感覚は「ボールを捕る」感覚ととても似ています。

　このような**基本的な運動動作からサーブを見つめ直し、改善する方法を示したのが本書**です。

　本書では、50ポイントそれぞれで、道具を使ったり、練習方法に工夫を凝らした「コツ習得のメソッド」と実践のための「トレーニング」を紹介しています。このトレーニングは、大きく2つの役割を果たします。

　1つは**「身体使いの現状をセルフチェックする」**役割です。あなたの身体使いが果たして理にかなったものになっているかどうか、トレーニングを実践する中で現状のレベルがあぶり出されます。

　もう1つは**「身体使いのレベルを上達させる」**役割です。トレーニングの内容にさまざまな工夫を盛り込むことで、上達させたい動作を効率的にレベルアップできるようになっています。

国際テニス連盟が力を入れ、日本代表のトッププロが実践

　そういう意味で、本書は"ノーフォーム、ノーグリップ"の技術書です。けれども、安心してください。トレーニングをこなしていく中で正しい動きが身につき、あなたのサーブ動作は理にかなったものになっていくはずです。

　習得してほしいトレーニングの順番も考慮に入れて、本書のメニューは構成されています。次ページの図「上達のピラミッド」のうち、**第1章では「基礎動作」を、第2章では「専門動作」を、第3章では「専門技術」を学べる流れ**になっています。ですから、第1章のコツ01から順番に最後までやっていくのが最も効果的

上達のピラミッド

ピーク
パフォーマンス
下の3段階で習得した
プレーを表現する段階

専門技術
実戦でサーブを入れる、
相手の状況に応じてサーブを変える、
試合の流れの中でサーブを使い分けるなど、
専門体力を実戦化し、さらに戦術、戦略までを習得する段階

専門動作
球技のできる身体作りができたあとに、
ラケットで正確にボールを打つ、ボールに回転を与える、
スイング時のバランス感覚を養うなど、サーブの専門能力を習得する段階

基礎動作
柔軟性、筋力、持久力など、すべての運動をする際にベースとなる体力に加え、
球技に必要な「走る」「投げる」「捕る」「打つ」などの基本能力を習得する段階

だと言えます。

　中には、メソッドとトレーニングの内容を見て「簡単だな。味気ないな」と感じる人も多いと思います。けれども、「機能分析」の考え方に基づく選手指導は国際テニス連盟・日本テニス協会でも重要視されるようになっており、**本書で紹介しているメニューに、日本代表に選ばれるようなトッププレーヤーが実際に取り入れている**ものも多数あるのです。

　本書は、**サーブをさらに上達させたい中級プレーヤー**に向けて書いたものですが、**これからテニスを始めたい初級プレーヤー**にとっても、**トップレベルで戦いを制したい上級プレーヤー**にとっても有効な本だと思います。
　また「**正しい身体使いを見直す**」という観点から、ショット、ストローク、ネットプレーなど、他の動作も上達するはずです。

　読者のみなさんのサーブのレベルが、飛躍的に上達することを願っています。

日本テニス協会 S 級エリートコーチ

神谷勝則

本書の特徴

本書では、サーブをさらに上達させたい人にぜひ習得してほしい項目を紹介しています。第1章では正しい身体の使い方、第2章ではサーブ動作の全体イメージ、第3章では勝つためのサーブについて解説します。

コツ番号 本書では上達のカギを握るコツを50項目紹介しています。

こんな人におすすめ 現状のプレー状態から、おすすめのメソッドが検索できます。

キーワード コツを習得することでどんな効果が得られるかがわかります。

本文 なぜそのコツをつかむことが必要かについて具体的に説明します。

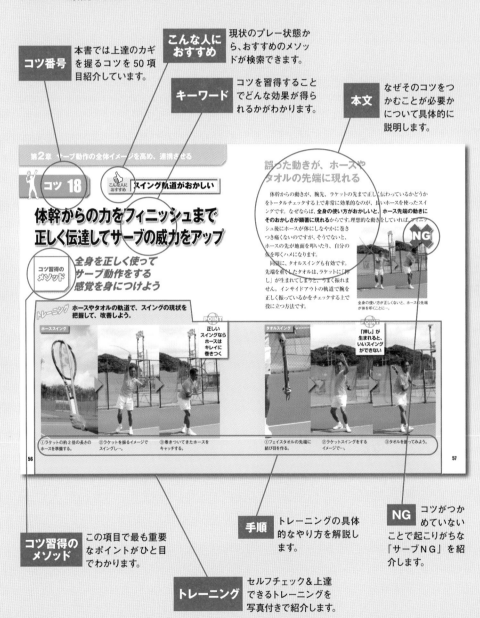

コツ習得のメソッド この項目で最も重要なポイントがひと目でわかります。

手順 トレーニングの具体的なやり方を解説します。

NG コツがつかめていないことで起こりがちな「サーブNG」を紹介します。

トレーニング セルフチェック＆上達できるトレーニングを写真付きで紹介します。

CONTENTS

※本書は 2012 年発行の『必勝のサービスポイント 50 差がつくテニス！最強レッスン』を
　元に、加筆・修正をし、書名・装丁を変更し再発行しています。

第3章
クオリティを高め、勝つためのサーブを手に入れる──088

課題別INDEX

本書で紹介する上達メソッド／トレーニングは、01から順番に50まで行なってもらうのが理想です。けれども、特に「こういったことで悩んでいる」という課題が明確なプレーヤーは、50項目各ページの左上にある「こんな人におすすめ」の欄を目安に、エクササイズを始めてもよいでしょう。

サーブとは何か?

テニスの中で、サーブはどんな特徴を持ち、どんな役割を果たすべきショットなのでしょうか? 3つのポイントを説明します。

①ポイントの スタートのショットである

どんなにストロークが得意でも、どんなにボレーが上手くても、サーブをまずしっかり入れなければ、ポイントを取ることはできません。**サーブが入るから、次のプレーが続けられる。サーブで主導権を引き寄せるから、ゲームを有利に進められる。**サーブは**テニスの大前提となる、非常に重要なショット**と言えます。

「そんなことは当然知っている」と思う人が大半でしょう。けれども、多くのテニススクールでの指導でサーブが重要視されているかというと、大いに疑問を抱きます。練習時間の大部分はストロークやボレーに充てられ、**サーブは最後に「余った時間で自由に練習してください」というスクールも多い**のではないでしょうか?

トップレベルの指導では「サーブありき」の考えが練習内容に反映され、練習時間の比率も高く、効果的なメソッドでレベルアップしています。つまり、「テニスを上達させたいならサーブを上達させる」という考え方は、非常に理にかなっていると言えるのです。

自分の意思で、自分のリズムで
打てる唯一のショットがサーブ

　また、サーブは「**すべてを自分の意思で打てる唯一のショット**」です。
　自分の意思で打てるのですから、**どのコースに、どんな球速で、どんな
球種で打つかを思い通りに決めることができます。そういう意味で、さま
ざまな創造的イメージを広げることのできるショット**と言えます。

　また、サーブ以降は相手のショットに合わせて動く必要がありますが、**サー
ブだけはその制約から逃れ、自分のリズムで動くことができます。**

　最高のパフォーマンスを引き出すために毎回同じ動作を繰り返すことを
「ルーティーン」と呼びます。野球やゴルフでの打球の前に行なう一連の動
きが特に有名です。ラケットや手でボールを突くといった、サーブ動作に入
るまでの動きを研究し、自分にとって心地良いルーティーンを確立すれば、
サーブのレベルが飛躍的にアップします。そして、このルーティーンを自分
のリズムで行なえるのも、テニスのプレーの中で唯一サーブだけなのです。

サーブとは何か？

②ファーストの意味、 セカンドの意味

多くのプレーヤーが「ファーストは攻撃的に、セカンドは確実に」という考え方を持っていると思います。考え方自体は決して間違ってはいませんが、極端過ぎる傾向が多くのプレーヤーに見受けられます。

その**悪例が「ファーストでドカン、セカンドは入れるだけ」という現象**です。ファーストは「スピード重視。ラインぎりぎりを狙って思い切り打って、その結果としてフォルトになっても良し」と考えて打ちます。そして、セカンドは「確実性重視。ダブルフォルトは最悪だから、スピードを落としたスピンサーブで」と考えて打ちます。

この傾向が顕著になれば、どうなるでしょうか？　まず、**「外れても良し」のファーストサーブの成功率は、どんどん下がります**。そして、**「入れるだけ」のセカンドサーブは、相手の得意なコースに打ち返されます**。その結果として、ゲームの主導権は、簡単に相手へ渡ってしまいます。

ファーストサーブ

ファーストとセカンドで
動作に違いがあってはいけない

　この「ファーストでドカン、セカンドは入れるだけ」という傾向のプレーヤーには**「ファーストとセカンドは、違う種類のサーブ」**という固定観念があるようです。

　実際、「ファーストは、フラットサーブやスライスサーブ。セカンドは、スピンサーブ」と決めて、その順番で必ず打っているプレーヤーも多いようです。
　まず、**ファーストは速い種類のサーブと決めつけるのではなく、相手の弱点やゲームの流れによって、時にはスピンサーブを打つ柔軟な考えを身につけるべき**でしょう。

　さらに、ファーストは振り抜き、セカンドはスイングスピードを落とすという考えも誤りです。**「ファーストは攻撃的、セカンドは確実に」**というのは、**ほんのちょっとした意識の差に過ぎず、サーブ動作に違いが生じるべきではありません。**普段から、ファーストもセカンドも同じ動きで打つ気持ちで練習に取り組むべきなのです。

セカンドサーブ

③方向、距離、高さ、
回転、速度を意識する

　サーブのレベルをアップする上で必要なのは、「サーブとはいったいどんな要素で構成されているのか？」を分析してみることです。私は、ショットとはすべて、5つの要素を組み合わせてプレーするものだと考えています。**5つの要素とは、「方向」「距離」「高さ」「回転」「速度」です。**

　サーブにおいて、「方向」は、ワイド、センターなど、相手のコートのどちらへ打ちこむかを指します。「距離」は、サービスラインぎりぎりか、ネット近くかを指します。「高さ」は、ネットぎりぎりを狙うか、ネットよりも高い位置を狙うかも指し、さらにバウンド後のボールの跳ね方も指しています。「回転」は、横回転か、縦回転か。「速度」は、スピードを指しています。

　つまり、**「どんなサーブを打つか？」を決める際は、この5つの要素をどう掛け合わせるかを考えるべきなのです。**けれども、「方向」だけ、あるいは「回転」だけといったように、少ない要素で考えているプレーヤーも多いのではないでしょうか。

「少しでもオープンスペースを作る」を
第一目的にすると次の戦術が作りやすい

　ちなみに、この5つの要素は、「方向」「距離」「高さ」といった「①コントロールを創り出す目的のもの」と、「回転」「速度」といった「②変化を創り出す目的のもの」、この2つのグループに大別されます。もちろん、この5つの要素をすべて意識し、それぞれの質を高めていくことが大切なのですが、ボールの変化を創り出そうとすれば、ボールをコントロールしづらくなる──つまり、初中級者にとって①と②は、相反するグループに思えるのが悩ましいところです。

　では、初中級レベルのプレーヤーは、まずはどの要素に注目し、意識すればいいのでしょうか?

　テニスとは、まず「相手から場所を作る」こと、さらに「相手から時間を奪う」ことが勝利につながるスポーツです。

　ですから、サーブにおいても、まず「①コントロールを創り出す目的のもの」から意識すべきです。なぜなら「②変化を作り出す目的のもの」から追究し始めると「相手をコートから追い出す」というテニスの第一目的を達成しづらくなるからです。相手のラケットを弾くような回転や速度があれば別ですが、中途半端な速度や回転で相手にタイミングよくリターンされると、こちらの準備が間に合わず、逆に相手から時間を奪われることになるのです。「相手をコートから追い出してスペースを作る」こと、つまり、**「できるだけワイドに切って、少しでもオープンスペースを作る」ということをサーブの第一の目的にすると、次の戦術が作りやすい**と思います。

サーブを構成する5つの要素

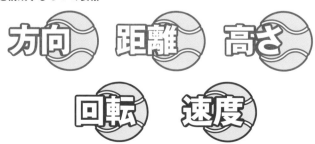

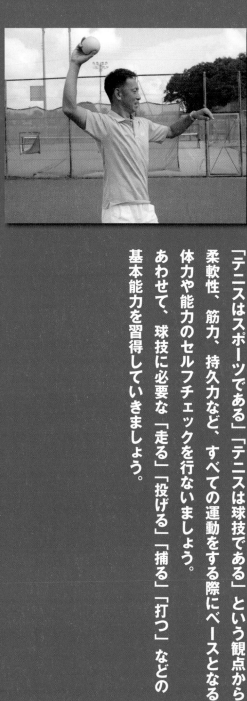

第1章

正しい身体の使い方を
チェック&習得する

「テニスはスポーツである」「テニスは球技である」という観点から、
柔軟性、筋力、持久力など、すべての運動をする際にベースとなる
体力や能力のセルフチェックを行ないましょう。
あわせて、球技に必要な「走る」「投げる」「捕る」「打つ」などの
基本能力を習得していきましょう。

コツ 01

こんな人に
おすすめ　**体がうまく使えていない**

肩甲骨の動きを改善して スイングをスムーズに

コツ習得の
メソッド

*肩周りをほぐして
肩甲骨周辺の運動性を
しっかりと高めよう*

トレーニング　肩甲骨がしっかり動いているのを
たえず意識しながら、準備運動を行なおう。

肩回し

POINT
肘が
曲がらない
ように注意

前回し、後ろ回しを20回ずつ行なう。肩甲骨
がしっかりと回っていることを意識しよう。

肩伸ばし①

正面を向き、肩をもう一方の腕で後ろに引き、
肩甲骨をぐっと伸ばす。左右数秒ずつ行なおう。

ほとんどのプレーヤーは
肩甲骨をうまく使えていない

テニスはラケットを使う競技のため、**腕、肩、肩甲骨周りを、別々の部位として捉えるのではなく、1つのユニットとして動かすことが大切**です。そのことによって、スムーズなサーブ動作ができるのです。けれども、ほとんどのプレーヤーの場合、サーブ動作の過程で肩甲骨があまり動いておらず、なかにはほとんど動いていないという人も見かけます。

本来ならば、体幹から生まれた力をラケットに伝えるのが正しいサーブ動作なのですが、肩甲骨の動きが悪いために、肩から先だけの動きでサーブをしている状態になっています。そこで、肩甲骨の準備運動を行ないながら、まずは現状の肩の動きをセルフチェックしてみましょう。

肩甲骨が動かないと「肩から先」だけのサーブ動作になる。

肩伸ばし②

POINT
姿勢が崩れないように注意

次は、体をひねりながら、肩をもう一方の腕で後ろに引いてみる。左右数秒ずつ行なおう。

体側伸ばし

ひじをつかみ、下に押す。左右数秒ずつ行なった後、体を左右に倒しながら、さらに左右数秒ずつ行なおう。

コツ **02**

こんな人に
おすすめ ┃ **体がうまく使えていない**

肩甲骨の可動域を広げて
体幹の力をラケットに伝える

コツ習得の
メソッド

*肩周りのストレッチを
行なって肩甲骨周辺の
可動域を広げよう*

トレーニング 肩甲骨の可動域をセルフチェックしながら、
しっかりとストレッチを行なおう。

肩甲骨のストレッチ①

POINT
肘を
90度に
保つこと

肘を90度にして両腕を広げて肩甲骨をグッと
寄せ、そこから両肘を回転させて胸の前で合
わせる。これを10回繰り返す。

肩甲骨のストレッチ②

両手をまっすぐ伸ばして合わせてから、両肘を
後ろに引いて肩甲骨を寄せる。これを10回繰
り返す。

肩甲骨の動きが悪いと
ボールにパワーが乗せられない

　肩甲骨の動きが悪いと、体幹からラケットへの運動連鎖が行なわれなくなってしまい、ボールにパワーを乗せられません。それほど重要な部位であるにもかかわらず、肩甲骨の動きが自分にとって見えない部分の動きであるためか、ほとんどのプレーヤーは「自分は肩甲骨をうまく使えている」と思いがちです。**肩甲骨の可動域は、広いに越したことはありません。**しっかりと肩甲骨のストレッチを行ない、全身の力が伝えられる体作りをしましょう。

　ここで紹介するトレーニングで自分の肩甲骨の可動域を把握してみましょう。また日々のストレッチとして続けることで可動域を広げることができます。

肩甲骨の動きは、サーブ動作において非常に重要。

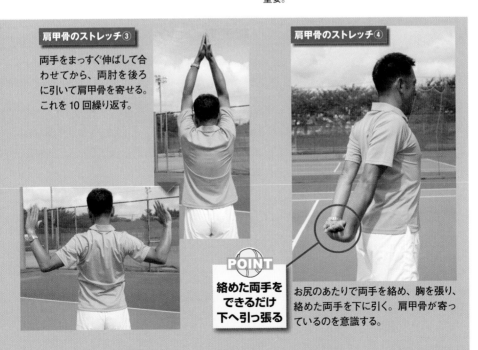

肩甲骨のストレッチ③

両手をまっすぐ伸ばして合わせてから、両肘を後ろに引いて肩甲骨を寄せる。これを 10 回繰り返す。

肩甲骨のストレッチ④

POINT

絡めた両手をできるだけ下へ引っ張る

お尻のあたりで両手を絡め、胸を張り、絡めた両手を下に引く。肩甲骨が寄っているのを意識する。

コツ 03

こんな人におすすめ | 体がうまく使えていない

股関節や体幹の運動性を高めて地面からの力を上半身に伝達

コツ習得のメソッド

効果的なストレッチで股関節および体幹部分の運動性を高めよう

トレーニング　脚の付け根の伸びを意識しながら、しっかりとストレッチを行なおう。

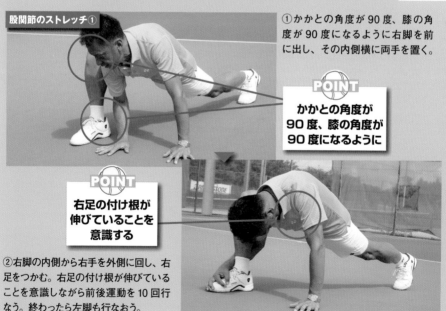

股関節のストレッチ①

①かかとの角度が90度、膝の角度が90度になるように右脚を前に出し、その内側横に両手を置く。

POINT
かかとの角度が90度、膝の角度が90度になるように

POINT
右足の付け根が伸びていることを意識する

②右脚の内側から右手を外側に回し、右足をつかむ。右足の付け根が伸びていることを意識しながら前後運動を10回行なう。終わったら左脚も行なおう。

ガチガチの股関節では
地面からの力がもらえない

　サーブでボールにうまく力が伝えられない原因はいくつかありますが、その大きな原因のひとつに、股関節が硬くて「地面からの力をもらえていない」というものがあります。**サーブにおいては、トスアップ時に一度沈み込んで重心を下げ、地面を蹴り上げて、地面からの力をもらう必要があります。**けれども、股関節や体幹をうまく使えていないプレーヤーは、沈み込んだまま姿勢でサーブ動作を行なったり、逆に棒立ちの姿勢でサーブ動作を行なう、いわゆる上半身打ちの状態になってしまいます。

　そこで、股関節をやわらかくするトレーニングを活用して、スムーズなサーブ動作をしっかり身につけましょう。

沈み込んだままの姿勢（左）や、棒立ちの姿勢（右）はNG。

股関節のストレッチ②

①あぐらの状態で両足の裏を合わせ、両手でつかんで脚の付け根へ引きつける。両膝を地面へつけるイメージで、リズムよくゆらゆらと膝を揺らす。10回ほど繰り返す。

POINT
**両足の付け根が
伸びていることを意識**

POINT
**両足の付け根を
しっかりと伸ばす**

②上の写真の状態から、両ふくらはぎのあたりを両肘で押さえ、両前足の付け根を伸ばす。

コツ **04**

こんな人に
おすすめ　**体がうまく使えていない**

サーブ動作をよりスムーズにして
ラケットの振り抜きを改善

コツ習得の
メソッド

モノを投げる動作を通して
身体の使い方の
イメージを身につけよう

トレーニング　筋肉や関節をどんどん連結させていく
イメージで行なおう。

ダーツスロー

POINT
肘から
先の部分を
やわらかく
使う

ダーツを投げる要領でボールを
リリースする。

膝立ちダーツスロー

膝をつき、身体の軸を保つことを意
識しながら、ダーツスローを行なう。

両手開きダーツスロー

POINT
肩甲骨の
動きを意識
しながら
投げる

両肘を肩の高さまで上げ、両方の腕で
ダーツスローを行なうイメージで投げる。

サーブ動作と投球動作は
基礎動作が同じである

　サーブでラケットを振る動きと、ボールを投げる動きは、基礎動作という点から見ると同じ動きと言えます。たとえば、良いピッチングフォームを見ると、「体幹を安定させ、肘や手首をやわらかく使う」「上体をねじって肘が自然と前に出る」「肩甲骨をやわらかく使い、腕をしならせるように振り下ろす」といった一連の動作が、流れの中で自然と行なわれているはずです。

NG

　サーブ動作の上達においても、このような動きが大切ですが、**特定の部位だけに注目して矯正しようとすると、動きがぎこちなくなってしまいます。**投球動作の大事なポイントを自然に習得できるトレーニングを通して、ラケットを振る動作のイメージを高めましょう。

「投球動作」が身についていないと、バランスも崩しやすくなる。

体ねじりスロー

両肘を肩の高さまで上げ、体をねじりながらボールを投げる。

遠投

最後に、全身を使って、できるだけ遠くへボールを投げてみる。

コツ05

こんな人に おすすめ　**動きがぎこちない**

ねじりの反作用を効果的に使って サーブ動作全体に力強さを

コツ習得の **メソッド**　上半身をねじる感覚を しっかりと習得して、 力強さをアップしよう

トレーニング しっかりねじって、ねじりを開放する イメージで繰り返してみよう。

様々な方向からのボールをキャッチ&スロー

POINT
上半身の ねじりを 意識しながら 行なう

①体をねじらないと取れない位置にボールを 出してもらい、キャッチ。

②ねじりを戻す力をうまく使って、前方へス ロー。1カゴ分行なってみる。

筋肉はゴムと一緒で
ねじれば戻る

　ゴムと一緒で、筋肉もねじればねじるほど、戻ろうとする力が働きます。**サーブ動作においても、上半身をしっかりとねじれば、その反作用の力がボールに伝わり、力強いサーブを打つことができます。**この時に上半身で発生する動作を「上半身の壁を作る」と表現することがありますが、実際のプレーヤーを見ていると、「まだまだねじりが足りない」「もっとねじれるはず」と感じてしまう人がほとんどです。

　上半身をねじるという感覚も、まずそのイメージを体に覚えさせることが大切です。そこで、楽しみながら体をねじるイメージが習得できるトレーニングを紹介します。

上半身のねじりが無いと、弱々しいスイングになる。

POINT
上半身の
ねじりを
意識しながら
行なう

③次に違う位置に立ってもらう。ボールを出してもらい、キャッチ。

④体を戻して、前方へスロー。いろんな位置からボールを出してもらうといいだろう。

コツ 06

こんな人に
おすすめ **動きがぎこちない**

ボールとの距離をつかみ
インパクト時の空間認識力を高める

コツ習得の メソッド
ボールキャッチで「ハンド・アイ・コーディネーション」を高めよう

トレーニング どのような軌道で飛んでくるかを予測し、その予測をもとにキャッチする手を微調整しよう。

キャッチボール

POINT ボールの軌道を予測する

①相手の投げたボールを目を追いながら、どこに来るか予測する。

②予測したボールの動きに合わせて、ボールをキャッチする。

目と手の連携を高めれば
打点が定まるようになる

「ハンド・アイ・コーディネーション」とは、目と手を連携させること。人間は、視覚から多くの情報を得ていますが、その情報をもとに脳が処理し、手足の動きを微調整する能力のことを指しています。この能力は、飛んでくるボールをキャッチする際などに最も重要です。

テニスのサーブでは、トスアップしたボールをインパクトの瞬間にしっかり捉える際に、特にこの能力が求められます。**打点が定まらないプレーヤーはハンド・アイ・コーディネーションが低い人が多く、ラケットを持つとその欠点がさらに顕著になります。**そこで、ラケットを握る前に、まずはボールをキャッチする動きで、この能力をアップさせましょう。

トスアップ〜インパクトにかけて、ハンド・アイ・コーディネーションが求められる。

背面キャッチ

POINT
ボールの
落下地点に
合わせて
足を微調整

①ボールを頭上に投げ上げる。 ②落下点を予測しながら動いて…。 ③背中のあたりでキャッチする。

コツ 07

「ボールを見て打つ」ために必要な ボールを視野に入れる能力をアップ

コツ習得の
メソッド

ワンバウンドキャッチで 「ボール・コーディネーション」 を高めよう

トレーニング　捕る側は、広い視野でボールをとらえる訓練、 投げる側は、コントロールを意識して球出しを。

① 2 球使用キャッチボール（投げる）

POINT
ここでは
敢えて腕を
回内させずに
投げる

①片手に 2 つのボールを挟み、 投球姿勢を取る。

②2つのボールのバウンドをコン トロールするイメージでリリース。

③相手の捕りやすい位置を考 え、地面にワンバウンドさせる。

2球使用で、投げる側と捕る側、それぞれ効果が得られる

「ボールを見て、サーブを打つ」。当たり前のことのように思われがちですが、ボールをあまり見ずにサーブをするプレーヤーは案外多いものです。また、ボールを見る場合でも、**ボールだけを凝視するのではなく、自身の動きとの関係の中で、ボールを空間的に広くとらえる周辺視野**も求められます。

2球使用のワンバウンドキャッチは、投げる側は2つのボールを投げることにより「ボールコントロールの方法」を学べ、一方で捕る側は2つのボールを目で追ってキャッチすることにより「ボールを広い視野で空間的にとらえる」能力がアップします。ボールのとらえ方、すなわちボール・コーディネーションが向上する上達メソッドです。

頭上のボールを見ずにサーブをしているプレーヤーは多い。

POINT

速度、方向、軌道を予測しながら全体的に見る

② 2球使用キャッチボール (捕る)

①ワンバウンドした2つのボールを広い視野で見ながら…。

②まず、先に飛んできたボールを処理する。

③続いて、もう1つのボールをキャッチする。

コツ 08

こんな人に
おすすめ **動きがぎこちない**

ボールの重みで、サーブ動作の 「理想的な腕の使い方」を体得

コツ習得の
メソッド

**腕をムチのように
うねらせ、しならせる
感覚を身につけよう**

トレーニング ボールの重みで腕がいったん下がる感覚を、
このメソッドでしっかりと習得しよう。

①約 1kg のソフトメディスンボールを持ち、
肩の位置まで肘を上げる。

②肘の角度を 90 度に保ちながら、
投球動作を取る。

重いボールを使うことで
腕の感覚をしっかり体得できる

　ムチのようなうねり、しなりで、腕を振る——。これが、サーブ動作における理想的な腕の使い方のイメージです。具体的には、インパクトの手前にラケットの重さで腕がいったん落ち、そのあとの体の動きでラケットが自然と上がってくる動作になるわけですが、**多くのプレーヤーは、手首だけを緩めて小手先だけで操作したり、ラケットでボールを押そうとする意識**

が強かったりするため、ムチのような腕の動きが出来ていません。その結果、体の動きとラケットの動きが別物になってしまっています。

　1kg 程度のソフトメディスンボールを使って投球動作を行なえば、「ムチのように腕をうねらせ、しならせる」感覚を自然に体得することができます。

ラケットの重みで、腕はいったん落ちるべき。

POINT

ボールの重みで腕が下がる感覚を味わう

③肘が後ろにいった時には、ボールの重みに逆らわない。

④リリース。実際のサーブ時に「押し」が生まれる危険性があるので、投げるというよりも、離すイメージで。

コツ **09**

こんな人に
おすすめ **動きが小さい**

体幹から力を起こす運動と、その力を 腕に伝えるまでのプロセスを意識

コツ習得の
メソッド

スローインの動きで 全身をしっかり使い切る 感覚をつかもう

トレーニング 小手先の動きではボールは決して飛ばない。 体幹から生まれて来る力をボールに伝えよう。

バウンズドメディスン
ボール投げ①

POINT
板ゴムを
ねじるような
イメージで

①メディスンボールを肩で担ぐよ うに持ち、体をねじる。

②全身を使って、できるだけ 遠くへ投げ上げる。

バウンズドメディスン
ボール投げ②

POINT
体幹を
傾けない
ように注意

①膝を曲げ、ボールを頭の後ろ に持っていく。

体幹からの力を利用し伝えなければ
ボールが飛ばない状況で体得

　力強いサーブを打つには、**まず体幹から力を起こし、さらにその力を腕までしっかりと伝えるプロセスが必要です。**けれども、体幹からの力をうまく使えていないプレーヤーは多いようです。

　この現状を改善するには、重くて大きなボールを投げるエクササイズがとても効果的です。例えば、重さ1～2ｋｇのメディスンボールを用意し、それを遠くへ投げてみる、あるいは叩きつけてみるといった動きをすることで、この感覚が自然と身につきます。小手先の動きでは、ボールは決して勢いよく飛んでくれません。体幹から力を起こし、その力をボールにしっかりと伝えましょう。メディスンボールがなければ、バスケットボールなどで代用してもいいでしょう。

体幹からの力を伝えられず、エネルギーロスしている人が多い。

POINT
板ゴムをねじるようなイメージで

②サッカーのスローインの要領で、できるだけ遠くへ投げ上げる。

バウンズドメディスンボール投げ③

①スローインの体勢から、しっかりと体をねじる。

②足元から2mあたりの位置に、思い切り叩きつける。

 **コツ 10**

 こんな人におすすめ **バランスが悪い**

体幹を鍛え、安定させることで 理想的な姿勢のキープも可能に

コツ習得の **メソッド** バランスボールで トロフィーポーズ時の 重心コントロールを強化

トレーニング 骨盤を傾けず、上半身をまっすぐ立てる イメージで身体を安定させてみよう。

バランスボール乗り①

POINT
骨盤を 傾けず、 姿勢は まっすぐに

①バランスボールの上に乗って、体幹を安定させる。

トロフィーポーズを取るには
重心コントロールが重要

「運動」という漢字を使うためか、身体が動いている時＝運動とイメージしがちです。けれども、例えば右下の片足立ちの写真のポーズを保とうとすればよくわかるように、**さまざまな筋肉をしっかりと使い、体幹が安定した状態でなければ「動かずに、ある姿勢をキープする」ことは不可能**です。サーブ時のトロフィーポーズの空間姿勢は、まさに「ある姿勢をキープする瞬間」と言えます。体幹が不安定で重心がうまく取れないと、イメージ通りのトロフィーポーズを取ることはできません。

そこで、バランスボールを使った「体幹の強さ」のセルフチェックと、体幹をさらに鍛えて安定させるトレーニングを紹介します。

1つの姿勢をキープするには、体幹の安定が必要だ。

バランスボール乗り②

POINT

太腿とお尻でしっかりおさえる

①の乗り方ができるようになったら、両股ではさんで乗ってみる。

バランスボール乗り③

POINT

体幹の安定を意識する

②の乗り方ができるようになったら、最後は膝で押さえてみよう。

コツ 11

こんな人におすすめ　**動きが小さい**

力を吸収し発散する感覚をつかみ 動きのメリハリやリズムを向上

コツ習得のメソッド

エッグトスで 力の「吸収と発散」の 感覚を身につけよう

トレーニング　膝をうまく使って水風船の勢いを吸収し、吸収した勢いを利用して投げ返そう。

水風船トス

POINT 割れないように、やさしく吸収する

①飛んでくる水風船の軌道を予測し、手を伸ばす。

②手だけではなく、全身でキャッチするイメージで。

③膝をやわらかく使いながら、水風船の力を吸収する。

力の吸収と発散は
すべての運動に求められる

「投げる」あるいは「打つ」といった、インパクトやリリースの瞬間にボールに最大の力を伝える動きでは、「力を吸収し、その力を発散させる」ことが必要です。

この「吸収ー発散」の感覚が効率的につかめるのが、エッグトスです。その名のとおり、卵を使ったキャッチボールのことで、欧米のスポーツの現場でもポピュラーなトレーニングです。

まず、何よりも、飛んでくる卵の勢いをうまく殺してキャッチしなければ割れてしまいますから、吸収の感覚を全身で体得できます。また、キャッチした反動をうまく使って投げ返すと投げやすいこともわかります。

コート上で行なう場合、卵の代わりに水風船を使うことをおすすめします。

MEMO

吸収と発散が出来ていないと、メリハリがなく、ボールに力が乗らない。

POINT
後ろにいった
ブランコが、
前へ向かう
イメージで

④吸収した力を、今度は発散へと向かわせる。

⑤リズムよく、やわらかく投げることをイメージ。

⑥相手がキャッチしやすい軌道で投げることを意識しよう。

コツ 12

こんな人に
おすすめ　**動きが小さい**

地面からの力を活かすことで
サーブの威力をさらにアップ

コツ習得の
メソッド

*地面からの力を
しっかりと利用する
感覚を身につけよう*

トレーニング　全身がバネになったイメージで
リズムよく地面からの力をもらおう。

ジャンプ

①膝をやわらかく使って、重心を
下げる。

②地面からの力を、上方向へ
持っていく。

③着地の時にもらった力を
利用し、再びジャンプ。

ジャンプの動きを通して
全身を「バネ化」する

　サーブ動作においては、地面を蹴る力をきっかけとし、その反動を上半身へと伝えることが必要です。そのイメージを効率よく体得できるのが、これから紹介するジャンプのトレーニングです。

　まずは、通常のジャンプをしながら、地面からの力をいったん吸収し、その力を上へと伝える感覚を養いましょう。**膝をやわらかく使い、全身をバネ化するイメージで行なうことが重要**です。

　その感覚が身についたら、今度はアキレス腱反射を使ったジャンプをしてみるのも良いでしょう。膝を曲げず、つま先だけでポンポンとジャンプします。アキレス腱の伸縮(=アキレス腱反射)によって、足先にバネがついているように飛び上がることができます。ただし、正しいやり方をしないと、アキレス腱を切ってしまう危険性もあります。こちらは無理をせず、出来るようならやってみましょう。

MEMO

サーブ動作では、地面からの力をもらうことがとても重要。

アキレス腱反射のジャンプ

POINT
足の速い四足動物のように、かかとはつけない

①膝を伸ばし、つま先立ちで立つ。

②なるべく膝を伸ばしたまま、上へジャンプ。

③膝を伸ばしたまま、ポンポンとリズムよくジャンプを続ける。

 コツ **13**

 こんな人に
おすすめ ｜ **インパクトの感触が悪い**

ラケットは手の延長と再認識して
ボールへの表現を進化させる

コツ習得の
メソッド

*インパクトの
瞬間の感覚を
素手で再認識しよう*

トレーニング 表現される側は目をつぶり、「押している」
「こすっている」など、表現を声に出してみよう。

手と手で表現を確かめ合う

POINT
表現される側は
目をつぶり、
手のひらに
意識を集中

① 「押す」。差し出された手のひ
らを、ぐっと押してみよう。

② 「叩く」。差し出された手の
ひらを、手のひらで叩こう。

③ 「こする」。差し出された手の
ひらを、下からこすり上げよう。

手で表現できることは
ラケットで表現できる

　テニスにおいて、ラケットは手の延長と言える存在です。例えば、手で「ボールをこすり上げる」という表現ができれば、ラケットでもまったく同じ表現ができるはずなのです。ところが、「ボールに回転がかからない」「ボールに力が伝えられない」という悩みを持っているプレーヤーの多くは、**「ラケットと手は "別物"」という固定観念にいつしかとらわれている**ようです。その結果、ラケットではうまく表現できない状態に陥っています。

　そこで、「こする」「押す」「叩く」といった表現をまずは手と手で行ない、その後に同様の表現を、手とラケットで行なってみましょう。表現する側、表現される側ともに「ラケットは、手と同じようにしっかり表現できるんだ」ということを再認識しましょう。

手と同じレベルで、ラケットでもさまざまな表現ができる。

手とラケットで表現を確かめ合う

POINT
ラケットの
グリップは
軽く握る

①「押す」。差し出された手のひらを、ラケットで押してみよう。　②「叩く」。差し出された手のひらを、ラケットで叩こう。　③「こする」。差し出された手のひらを、こすり上げよう。

 コツ **14**

 こんな人に
おすすめ **トスの感覚がつかめない**

サーブの安定に必要な
トスのコントロールを向上

> コツ習得の
> **メソッド**

*正確な位置に
ボールをトスアップする
感覚を養おう*

トレーニング ボールを正確に投げ上げる感覚、
そしてソフトにトスする感覚を習得しよう。

POINT
下半身の
余計な動き
をなくすため
座位で行なう

ラケットにトスをぶつける

①頭上にラケットをセッティング
してもらう。

②ラケット面の真ん中を狙っ
てトスアップする。

③しっかりと面に当てる。これ
を1カゴほど繰り返す。

目標物にボールを投げて、トスの精度をチェックする

　サーブを安定させる上で、トスアップは非常に大切な動作です。けれども、トスアップが安定しているかチェックしたり、トスアップの精度を上げるための練習は、あまり重要視されていないようです。

　そこで、「座位からのトスアップ」のトレーニングを紹介します。**まずは目標地点（ラケットの面）にボールを投げ上げる感覚、その次に、投げ上げたボールをカゴに入れるようなソフトな感覚**をつかみましょう。

　なお、座位で行なうのは、下半身の余計な動きをなくすため。本来ならばトスアップ後に重心を下げるべきところを、トスアップと一緒に体が伸び上がってしまうプレーヤーが多いからです。

イスが用意できない場合は、膝立ちで行なっても良い。

POINT

トスをカゴに入れる

頭上の棚にモノを乗せる感覚でリリース

①頭上にカゴをセッティングしてもらう。

②カゴの真ん中に落ちるようにトスアップする。

③カゴに入れる。これを1カゴほど繰り返す。

コツ **15**

こんな人に
おすすめ **トスの感覚がつかめない**

トスアップの正しい位置を認識して サーブをもっと安定させる

コツ習得の
メソッド

トスアップ時の 「空間認知力」を さらにアップしよう

トレーニング トスが落ちるべき正しい位置を再確認しながら、 トスの軌跡をセルフチェックしてみよう。

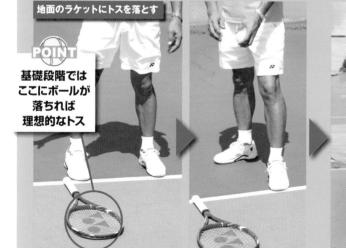

地面のラケットにトスを落とす

POINT
基礎段階では
ここにボールが
落ちれば
理想的なトス

①足元に、写真のようにラケット を置く。

②足を引き、サーブの構え を取る。

③ラケットの面に落ちるよう、 トスアップをする。

正しい位置に落下しているか？
放物線になっていないか？

　サーブトスというと、打点のことばかり考えがちです。けれども、実際は空間で移動しているボールを打つわけですから、単に「ボールを上げる」だけではなく、**上げたボールがどのような軌道で動くかをイメージしながらトスの練習をするべき**です。初中級レベルでは「まっすぐ上がり、まっすぐ落ちてくる軌道」のトスが理想と言えるでしょう。なぜなら、ボールを最もとらえやすい軌道だからです。そして、まっすぐに上げたボールが頂点で止まった時、またはボールの落下直後が、最適な打点と言えます。

　このイメージを持たずにトス練習をしていると、トスが放物線を描いていても気づかない危険性があります。放物線になると打点がごくわずかに限られるため、サーブが安定しないのです。

まっすぐ上がり、まっすぐ落ちてくる軌道が理想。

④ラケットの面にボールが当たり、バウンド。これを１カゴほど行なう。

POINT
放物線軌道になっていないことを確認

 コツ **16**

 こんな人に おすすめ | **トスの感覚がつかめない**

トス全体のセルフチェックと改善で 安定したサーブが打てる

コツ習得の **メソッド** | *トスアップの 全体姿勢やタイミングを チェックしよう*

トレーニング リズムや全体姿勢を意識しながら ボールから目を離さずに投げあてよう。

トスしたボールにボールを投げあてる

POINT ボールから 目を離さない

①両手に1個ずつボールを持つ。　②片方のボールをトスアップする。　③重心を落とし、トロフィーポーズを作る。

正しい位置にリズムよく
投げ上げれば意外と簡単

　サーブというのは、空間にあるボールに対して、ラケットの面をぶつける動作と言えます。この動作を再認識・習得できるのが、この「トスしたボールにボールをあてる」トレーニングです。

　一見、難しそうに感じますが、正しい位置にボールをリズムよくトスアップし、そのボールを視野でとらえていれば、簡単にボールを投げあてることができます。けれども、たとえばトスが後ろに流れ、**インパクトの瞬間を見ていない傾向のある人は、ボールを投げあてることが難しい**はずです。そういう意味では、トスアップの全体姿勢やリズムを再確認できるトレーニングと言えます。これを繰り返すことで、身体の動きがスムーズになり、トスで狙いを定める感覚も身につきます。

トスが後ろに流れる人は、ボールを投げあてにくいはずだ。

POINT
ボールとボールが
ぶつかる瞬間を
味わおう

POINT
ぶつけられたボールが
サービスボックスに
入れば最高

④ボールを見ながら、肘をうまく使って…。

⑤落下してきたボールに、ボールを投げあてる。

⑥安定してあたるまで繰り返す。

第2章

サーブ動作の全体イメージを高め、連携させる

スポーツ、球技の観点で正しい身体の使い方を把握したら、次は実際のサーブ動作に近い形で練習します。ラケットで正確にボールを打つ、ボールに回転を与える、スイング時のバランス感覚を養うといった、サーブの専門能力を習得し、全体イメージを高めましょう。

コツ 17

こんな人におすすめ **ラケットが振り抜けない**

腕の回内運動の感覚を習得して
ラケットの振り抜きを改善

コツ習得の **メソッド**

うちわをあおぐ感覚、
ガラスを拭く感覚で
腕をやわらかく使おう

トレーニング 大きな動きで行うことで
腕の回内運動を体得してみよう。

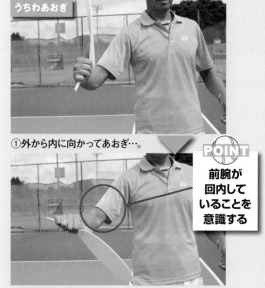

うちわあおぎ

①外から内に向かってあおぎ…。

POINT
前腕が
回内して
いることを
意識する

②自分自身に風を送る。

ガラス拭き

①タオルなどを持ち、
ガラスを拭く感覚で…。

54

うちわで風を起こすのと一緒
前腕の回内運動はとても重要

　腕などを内側にひねる動きを「回内運動」と言います。たとえば、うちわで外側から内側に向かってパタパタとあおぐ時は、前腕が回内運動をしています。このような前腕の回内運動は、理想的なサーブ動作において必要とされるものです。**うちわであおぐ時に腕を回内させることで風が起こるのと同じ理屈で、回内運動をすることで、サーブ動作にスピードや力が生まれる**からです。

　ところが、腕が回内せずにサーブ動作が行なわれているプレーヤーを、実際はたくさん見かけます。これでは、サーブに力が入らないのも当然です。そこで、うちわあおぎやガラス拭きなどの動作を通して、前腕を回内させる感覚を養いましょう。

前腕の回内運動がないと、いわゆる手打ちになってしまう。

POINT
肩甲骨がしっかり動いていることを意識する

②自動車のワイパーのように前腕を動かす。

ラケット押さえボール転がし

POINT
腕が回内・回外運動をしていることを意識する

①地面にボールを置き、ラケットで押さえて…。

②内側へ、外側へとボールを転がしてみる。

コツ 18

スイング軌道がおかしい

体幹からの力をフィニッシュまで
正しく伝達してサーブの威力をアップ

**コツ習得の
メソッド**

全身を正しく使って
サーブ動作をする
感覚を身につけよう

トレーニング ホースやタオルの軌道で、スイングの現状を
把握して、改善しよう。

POINT

正しい
スイングなら
ホースは
キレイに
巻きつく

ホーススイング

①ラケットの約2倍の長さの
ホースを準備する。

②ラケットを振るイメージで
スイングし…。

③巻きついてきたホースを
キャッチする。

誤った動きが、ホースや タオルの先端に現れる

　体幹からの動きが、腕先、ラケットの先まで正しく伝わっているかどうかをトータルチェックする上で非常に効果的なのが、長いホースを使ったスイングです。なぜならば、**全身の使い方がおかしいと、ホース先端の動きにそのおかしさが顕著に現れる**からです。理想的な動きをしていれば、フィニッシュ後にホースが体にしなやかに巻きつき痛くないのですが、そうでないと、ホースの先が地面を叩いたり、自分の体を叩くハメになります。

　同様に、タオルスイングも有効です。先端を重くしたタオルは、ラケットに「押し」が生まれてしまうと、うまく振れません。インサイドアウトの軌道で腕を正しく振っているかをチェックする上で役に立つ方法です。

全身の使い方が正しくないと、ホースの先端が体を叩くことに…。

タオルスイング

POINT

「押し」が生まれると、いいスイングができない

①フェイスタオルの先端に結び目を作る。

②ラケットスイングをするイメージで…。

③タオルを振ってみよう。

 コツ **19**

サーブのスピードが出ない

インパクトの感覚を体得し
サーブ時の「押し」を改善

コツ習得の
メソッド
釘を打つ感覚で、
必要十分な
力の伝え方をつかもう

トレーニング インパクトの瞬間を意識すれば、
力まなくても威力が出ることを確認しよう。

釘打ち、太鼓打ち

POINT
釘や太鼓＝ボール、ハンマーや
バチ＝ラケットと置き換える

①釘を打つ瞬間のインパクト、太鼓を叩く瞬間のインパクトをイメージしながら…。

ボールに力を伝える感覚と
釘打ち、太鼓打ちの感覚は一緒

「サーブに威力がない」と感じているプレーヤーの中に、腕や手を必要以上に振ることで威力を増そうと試みている人を多く見かけます。けれども、この考え方が間違っているということは、釘打ちや太鼓打ちの動作を考えてみればよくわかります。

釘を打つ際、釘の頭にまっすぐピシッとハンマーをあてると、釘はまっすぐ深く入ります。**サーブ時のインパクトとは、まさにこの「釘の頭を叩く」感覚なのです。**この感覚をくもらせずに行なうことを「振り抜く」と呼び、この感覚が持てないまま余計な力ばかり入っているスイングを「振り回す」と呼び、区別しています。そして、この「振り抜き」の感覚が持てないと、サーブでは最も良くないとされる「押し」が生まれてしまうのです。

釘を打つのに、ここまでハンマーを振る必要はない。

POINT
ボールが
あたる瞬間の
感覚を味わう

②必要十分な力で、力まずにボールをとらえてみる。それでも威力のあるサーブが打てることを確認してみよう。

コツ 20

こんな人に
おすすめ　**ラケットが振り抜けない**

「うねり」の動きだけで、ボールに 力をのせる感覚を養い、威力をアップ

コツ習得の
メソッド

*腕の動かし方だけで
サーブが打てることを
理解しよう*

トレーニング　腕をうねらせながらシャトルをとらえ、
腕の動きだけでできるだけ上へ飛ばそう。

POINT
腕をうねらせる
感覚を味わおう

①バドミントンのシャトルを
用意して、一度上に飛ばし…。

②シャトルをよく見ながら、
落下点に入り…。

③前腕運動で、シャトルを
できるだけ上に飛ばす。

腕をうねらせるだけで
パワーや変化を与えられる

　上腕を内へ、外へとしっかり回すことができれば、それだけでも十分にボールに力を乗せることができ、さまざまな変化をボールに与えられます。**この動きを「腕をうねらせる」と表現しますが、うねりの感覚が身についていないプレーヤーは多いようです。**

　コツ17でも腕の回内・回外運動の感覚を習得するトレーニングをすでに紹介しましたが、ここではさらに実際のサーブ動作に近い感覚で練習してみましょう。おすすめの方法は、バドミントンのシャトル打ちです。腕の運動だけで、シャトルをできるだけ高く飛ばしてみましょう。コルクを打たないとミスショットになるので、ボールをよく見て打つ習慣も身につきます。

MEMO

腕のうねりだけで、ボールは十分に飛んでいく。

POINT

**腕をうねらせる
感覚を味わおう**

④シャトルをよく見ながら、落下点に入り…。

⑤今度は、腕全体の運動で…。

⑥シャトルをできるだけ上に飛ばす。何度も打ち上げてみよう。

コツ 21

こんな人に
おすすめ　**サーブのスピードが出ない**

全身の同調度を意識して
サーブ動作のレベルをアップ

コツ習得の
メソッド

*両手ラケットのキャッチボールで
体幹を軸に全身を同調できているか
チェックしてみよう*

トレーニング 体幹を軸にして、スムーズに体を
動かす意識で練習してみよう。

POINT
ボールのスピードに
合わせて腕を動か〔

両手ラケットでのキャッチボール

①ラケットを両手で持って、
ボールを投げてもらう。

②ボールの勢いを殺しながら
2本のラケットではさみ…。

③さらにボールを殺しなが
ら、腕を後ろに引いていき…。

体幹から動き出しているか？
腕は正しく使えているか？

　体幹からの力を、腕、手、そしてラケットへしっかり伝えることが、サーブ動作の基本です。そして、**スムーズに一連のサーブ動作をするためには、全身を同調させなくてはなりません**。けれども、かなりレベルの高いプレーヤーでも、体のどこかが同調していない場合が多いようです。

　全身の同調度をチェックするには「両手ラケットでのキャッチボール」がオススメです。なぜかというと、「そもそも体幹を中心に体を動かさないとキャッチ＆スローはできない」「腕だけで振っていると2本のラケットがぶつかる可能性がある」「（右利きの場合）左手がうまく使えていない人はうまく動けない」という前提があり、チェックと習得に最適のトレーニングだからです。

左腕がうまく使えていなかったり（左）、腕だけで振っている状態（右）。

POINT
体幹を軸に動いていることを意識する

POINT
流れるような動きをイメージして行なう

④全身をうまく使いながら、腕をぐるっと回して上に持ち上げで…。

⑤ぐるっと回してきた勢いを使って、相手に向かって…。

⑥ボールをタイミングよくリリースする。

コツ 22

こんな人に
おすすめ　**サーブのスピードが出ない**

「順次加速度運動」のイメージでラケットヘッドが走るようになる

コツ習得の
メソッド

根元の動きをヘッドに伝える「順次加速度運動」を釣竿キャスティングで体得

トレーニング　根元からの動きがヘッドまで伝わり、大きな力になることを体感しよう。

釣竿キャスティング

POINT
手首だけではなく、腕全体での力伝達を意識する

①キャスティングの際、竿の根元を持って振ることで…。

②竿先に力が伝わり、竿先が大きく振れることを体感する。

手先だけで動かすのではなく
上腕を使うことでヘッドが走る

釣竿の根元を持ってキャスティングする（竿先を狙ったポイントに飛ばす）と、根元での動きが増幅され、竿先は、大きく、速くしなります。このように大元からの動きが次第に大きく速くなる動きのことを「順次加速運動」と呼びます。

ラケットヘッドは、キャスティングにおける釣竿の竿先とまったく同じ位置づけにあります。つまり、竿先を走らせるイメージが持てれば、サーブ動作においてラケットヘッドを走らせる感覚を体得できます。

この時に大事なポイントは「**手首だけを振っても、竿先で大きな運動は起こらない**」ということです。体の中からの力を意識し、大きなエネルギーを起こすイメージで振ってみましょう。

MEMO

釣竿を振り出す動きは、ラケットヘッドを走らせる動きと共通する。

POINT
小手先で振らずに
体の中からの
力を意識

③釣竿キャスティングと同じイメージでラケットを振り…。

④ラケットヘッドをしっかりと走らせよう。

コツ 23

こんな人に
おすすめ　**サーブのスピードが出ない**

インパクトの瞬間で静止して 打点の位置をチェックし改善

コツ習得の
メソッド

フェンスボール挟みでトスアップの 精度や理想の打点の高さを ビジュアル化しよう

トレーニング　**自分がどの打点で打っているかを しっかりとビジュアル化し、体感しよう。**

フェンスボール挟み

①フェンスやネットの前に立ち、トスアップ。

②落下してくるボールの動きをよく見ながら…。

インパクトの瞬間で"静止"して打点をセルフチェック&改善

サーブ動作を見直すためには、自分の打点が理想的な位置かどうかをセルフチェックし、良くなければ改善する必要があります。

そのためにおすすめなのが「フェンスボール挟み」です。理想的な位置とは違い、**トスアップがかなり前のほうであったら、ボールはネットにぶつかってしまいます。逆に、トスアップが頭の後ろの方だと、打点も後ろになり、ボールをうまく挟むことが難しい**からです。ぜひやってみてください。

ただし、コンチネンタルグリップあるいはイースタングリップなど握りがしっかり決まっているプレーヤーは、ラケットとネットでボールを挟み込む動作に無理が生じます。このメソッドは、あくまでも握り方がまだ確定していない初級者・中級者が打点を把握するための練習と考えてください。

打点がかなり前(左)だったり、後ろ(右)だったりすると難しい。

腕は敢えて回内させない

③ボールを、ラケットとネットで挟み込む。

④押さえたところで自分の打点をしっかり再確認する。

コツ 24

こんな人に
おすすめ | **ラケットが振り抜けない**

上半身の動きの自然な連結で
有効なサーブが打てるようになる

コツ習得の
メソッド

*上半身の使い方と
サーブの威力の違いを
3段階でレベルアップ*

トレーニング ラケットを短く持って、3段階の
動きと結果の違いを実感しよう。

オープンスタンスで上半身をねじらず打つ

POINT
上半身は
ねじらない

①オープンスタンスで上半身
をねじらず打つ。

②腕の回内運動だけでサーブ
を打ってみる。

オープンスタンスで上半身をねじって打つ

POINT
上半身は
しっかり
ねじる

①ライン上でつま先をそろえて、
トスアップ。

上半身の動きを連動させ、
力を効果的にボールに伝える

　腕の回内運動や、上半身のねじり。個々の注意点を意識しながらサーブをすればしっかり出来るプレーヤーでも、一連の動作の中でそれらをスムーズに行なえている人は案外少ないものです。そこで「特に上半身の動きをチェック&改善したい」という人におすすめなのが、このトレーニングです。

　初めは腕だけ、そこに上半身のねじりを加え、最後は全身で…と身体の使い方のレベルを上げていくプロセスを踏むため、上半身の連動が自然と行なえます。

　身体の使い方のレベルが上がるごとに、サーブの威力も目に見えてアップするはずです。上半身の使い方の違いでサーブの結果が違うことをわかりやすくするため、ラケットは敢えて短く持って行ないましょう。

MEMO

上半身の動きをチェックし、連結していこう。

後ろ足を引いて上半身をねじって打つ

②腕の回内運動と上半身のねじりでサーブを打つ。

POINT
上半身は
しっかり
ねじる

①通常のスタンスで、トスアップする。

②全身をできるだけ大きく使ってサーブを打つ。

コツ 25

こんな人に
おすすめ

スイング軌道がおかしい

上半身の動きを連動させ、全身を使うことで威力をアップ

コツ習得の
メソッド

スタンスによる違いを検証し、最適なスタンスによるサーブを確認しよう

トレーニング スタンスによる自由度の違いを試し
自分に合ったスタンスを再認識しよう。

極端なオープンスタンスでサーブ

ライン上でつま先をそろえてトスアップし、サーブ。上半身・体幹部分を「板ゴム」のようにイメージして打球。

前足を引いてサーブ

通常とは逆のトスアップする側の足を引いてトスアップし、サーブ。下半身からの力の通過点となる股関節の使い方の違いを理解。

スタンスで体の自由度は変わる
どれが自分に合っているか？

　スタンスは、非常に「再検証し甲斐」のある部分です。なぜなら、**初級・中級の多くのプレーヤーが「どんなスタンスが向いているのか？」をこれまであまり追究してきていない**からです。オープンスタンスと、クローズドスタンスでは、体の自由度はまったく変わってきますが、どちらが自分に合っているかは、実際にやってみないとわからないものなのです。

　このトレーニングでは、スタンスの違いに意識がフォーカスできるよう、ラケットは短く握ります。スタンスはここで紹介するものだけでなく、他にも思いついたものをやってみるといいでしょう。また、定位置から打ち終えたら、いつもと違う位置からもいろんなスタンスで打ってみると、それぞれの違いをより明確にあぶり出すことができます。

サーブ位置を変え、さまざまなスタンスで打ってみよう。

POINT
それぞれの違いを感じながら行なおう

極端なクローズドスタンスでサーブ

後ろ足を背中側に引き、前足を閉じた状態で
より強い身体の反転運動を感じる。

 **コツ 26**

こんな人に
おすすめ **サーブのスピードが出ない**

肩とヒップの動きを意識した
回転動作で、手打ちサーブから脱却

コツ習得の
メソッド

*シーソーの動きをイメージして
肩とヒップの入れ替わりを
しっかり意識しよう*

トレーニング シーソーの動きをイメージしながら
ゆっくりと回転動作を行なってみよう。

シーソーのような回転動作

POINT

シーソーのイメージ
で右肩下がりに

①後ろにある右肩を極端に下
げた状態でスタートする。

②ゆっくりと腰を回していく。右の肩が、
左の肩と同じ高さで並ぶのを感じる。

③腰の回転によって、自
然と肘がトップの位置へ。

肩とヒップの入れ替わりは
全身が回転している証拠

　右利きのプレーヤーの場合の「右肩」に注目してみましょう。サーブ動作の当初に後ろ側にあった右肩は、動作の途中で左肩を追い越して入れ替わり、最終的に前に出るという動きをするのが自然です。同様に「右のヒップ」についても、途中で左のヒップを追い越して入れ替わり、サーブ動作の終わりには前に出ているはずです。

　ところが、「体の力がうまくボールに乗せられない」と悩む人の場合、いわゆる手打ちのことが多く、**当然起こるべき肩とヒップの入れ替わりが起こっていない場合が多い**のです。そこで、実際のサーブ動作とは異なりますが、シーソーの動きのイメージを意識した肩とヒップの入れ替わり動作で、楽しく習得してみましょう。

肩とヒップの入れ替わりが起きていない、手打ちの状態。

POINT

**肩の入れ替わりを
体感する**

④右肩が、左肩を追い越そうとする瞬間。

⑤全身がバランス良く動いて…。

⑥フィニッシュに近くなると、左右のヒップが入れ替わる。

コツ 27

こんな人に
おすすめ | **ラケットが振り抜けない**

「腕のうねり」を確認して
ボールに力を加える感覚を養う

コツ習得の
メソッド | 投げるよりも「伝える」イメージで
タイミングよくリリースし
腕のうねりだけでボールを飛ばす

トレーニング ラケットの面にボールを吸いつけ、
タイミングよくリリースする感覚で行なおう。

ラケット面乗せ飛ばし

①ラケットの面にボールを
くっつけ、動き出す。

②そのまま腕を上げていき…。

③腕が届かなくなった時点で、
自然とボールが手から離れ…。

タイミングよく腕を
うねらせるのがポイント

コツ20では、シャトル打ちメソッドを通じて腕のうねりについて解説しましたが、腕のうねりだけでボールは十分飛んでいくという感覚を身につけることは非常に重要です。

そこで、今度は動きをより上投げに近い形で行なってみましょう。ラケットの面の上にボールを吸いつける感じで、落とさずに「エイヤッ！」と飛ばしてみるのです。**投げようとすると、ボールはうまく飛んでくれません。タイミングよく腕をしっかりうねらせるのが、ボールを飛ばすポイントです。**

ただし、実際にラケットを振る動作とはかなり違います。やり過ぎるとボールを押す癖がついてしまうので、腕のうねりを確認するための楽しい遊びの1つとして取り組んでください。

この動きは、腕のうねりが使えていないのでNG。

投げるというよりも伝えるという感じで

腕のうねりを意識しよう

④うまくラケット面にボールをとどまらせて…。

⑤トップの位置でタイミングよくリリースし…。

⑥できるだけ遠くへ飛ばしてみよう。

コツ 28

こんな人に
おすすめ　**ボールに回転がかからない**

「インパクト時の面の角度」が ボールに及ぼす影響を体得

コツ習得の
メソッド

ボールリフティングでラケット面の 角度と回転の関係を試しボールの 変化がよりかかりやすくなる

トレーニング　ラケットの振り出しとはまったく違う方向に ボールが飛んでいく面白さを味わおう。

POINT

ラケットの 面の角度を 常に意識しよう

ボールリフティング

①体の前でポンポンとボールをリフティングさせ…。

②タイミングを見て、ラケットを左斜め下から…。

振り出しの方向ではなく
インパクト時の面の角度

　　ラケットを振り出す方向とボールの飛んでいく方向は、一致しているでしょうか？　そんなことはありません。では、**何がボールの飛んでいく方向を決めるかと言えば、インパクト時のラケット面の角度**です。このことを体感的にイメージできているかどうかは、ボールにさまざまな変化を与える上で非常に大きなカギを握ってきます。

　　「インパクト時のラケット面の角度」が方向を決めていることを再確認できるのが、このトレーニングです。体の前で浮かせたボールを、ラケットを左下から右上へ振り上げてみましょう。ラケット面が写真のような角度の場合、ボールはベクトルの関係でラケットの振り出しとは違う方向に飛んでいきます。まずは、この感覚を楽しんでみましょう。さらに、ラケット面の角度を変えるとボールの方向がどう変わるかも試してみましょう。

MEMO

垂直に落下してきたボールは、ベクトルによって斜め上へ飛んでいく。

POINT
しっかりと
ボールに
回転を与えよう

③包丁でスパッと切り上げる感覚でこすり上げると…。

POINT
いろんな
面の角度で
試してみよう

④ボールは、ラケットの動く方向と違い、左斜め上に飛んでいく。

コツ 29

こんな人におすすめ **ボールに回転がかからない**

回転をかける感覚を身につけてスピンサーブのレベルをアップ

コツ習得の **メソッド**

フェンス越えサーブでスピンをかける感覚を体得しよう

トレーニング フェンスをしっかり越したあと、ボールができるだけ大きく跳ね上がるように打とう。

フェンス越えサーブ

POINT
重心をしっかりと沈めよう

①ラケットを持った腕を伸ばせばフェンスに届く距離でスタート。高さ3mほどのフェンスに向かってトスアップ。

POINT
できるだけ強い縦回転をかける意識で

②ラケットヘッドを十分に落として、下から上への意識で振り上げ…。

ラケットを振り上げる力で
ボールに縦回転を与える

　スピンサーブは、ボールに縦回転をかけて打つサーブです。回転がかかっていることにより、ボールは高い軌道を通っても急激に落ち、バウンド後に高く跳ねます。「ボールを下から上に縦回転をかける」感覚を体得できるのが、このトレーニングです。

　スピンがかからないと悩んでいるプレーヤーの多くは、スピンをかけたいと思いながらも、結局はラケットの振り下ろしや押し出しの意識が強いようです。そうではなく、**ラケットを下から上へとこすり上げ、ボールに縦回転をかける**のです。目の前にある高いフェンスを越えて向こう側にボールをバウンドさせなければいけないとなれば、下から上へとラケットをこすり上げる全身の動きが自然と身につきます。

下から上へと、ボールに縦回転をかける。

POINT
ボールの軌跡を
追いかけよう

③ボールに縦回転をかけて、壁を超す。

POINT
ボールの
バウンド具合
を確認しよう

④ラケットは、リラックスして振り下ろす。1カゴほどやってみよう。

コツ 30

こんな人におすすめ **ボールに回転がかからない**

ボールを切る感覚を身につけて スライスサーブのレベルをアップ

コツ習得の **メソッド**

包丁切りや草刈りの意識で、 ボールの正しい 切り方を習得しよう

トレーニング 包丁でボールの下側を切るような感覚で、 糸を引くような軌道でボールを飛ばそう。

包丁切りショット

①コンチネンタルグリップで 構える。

②体の前でトスを上げ…。

③振りかぶり…。

ボールが一直線に
飛んでいくのが理想

　スライスサーブは、ボールに横回転を与えて打つサーブです。インパクトの瞬間に回転をかけるラケットの使い方を「ボールを切る」と表現しますが、この「切る感覚」をつかめれば、スライスサーブのレベルは飛躍的にアップします。

　そこでおすすめなのが、包丁切りや草刈りの動作です。ボールの飛んでいく感覚や軌道をわかりやすくするために、ボールを前方に飛ばしてみます。**正しい切り方をすると、まるで糸を引くように一直線に飛んでいきます。**けれども、ボールをうまく切れず、押してしまうと、途中でボールが曲がってしまいます。真正面の対象物に向かってまっすぐ飛ぶように練習してみましょう。慣れてきたら、打点の高さを変えてみましょう。

MEMO

コンチネンタルグリップで、ラケットを握ろう。

POINT
包丁で
ボールの下を
スパッと切る
感覚で

POINT
レーザービームの
ように飛ばそう

④ボールの下側を切るイメージ　⑤ボールをとらえると…。　⑥ボールはまっすぐ飛んでいく。
でラケットを動かし…。

コツ 31

こんな人に
おすすめ　**バランスが崩れやすい**

「膝を曲げる」感覚を身につけ
重心ポジションを安定させる

コツ習得の
メソッド

左右差のある状況で
下半身を安定させる
膝の使い方を知ろう

トレーニング　徐々に台の高さを変えながら、
膝の曲がりを常に意識して行なおう。

左右差バランスでのサーブ

POINT
膝が曲がっている
感覚を意識する

①台の上に後ろ足を置いて
トスアップ。

②上半身はしっかりとねじり…。

③地面からの動作をきっかけに…。

平地では体が楽をして
棒立ちになりがち

　サーブ動作においては、重心を下げていったん力を溜める必要があります。そのために大切なのは「膝を曲げる」ことです。けれども、**実際にしっかりと膝が曲がっている人は少なく、膝が突っ張ったまま打っている場合がほとんど**です。平地だと体が楽をして、ベタ足で棒立ちになりがちなのです。

　ここで紹介するのは、どちらかの膝を曲げざるを得ないアンバランスな状況を敢えて設定し、膝を曲げる感覚を得るトレーニングです。まずは、後ろ足を台の上に乗せて練習してみましょう。それで感覚を身につけられたら、次は前足を置いて行なってみましょう。

　膝に意識を集中しつつ、上半身もしっかりねじって打ちましょう。

どんなバランス状態でも、骨盤をまっすぐ立てて行なおう。

④インパクトで力を伝える。

⑤台の高さを変えたり、
前足でもやってみよう。

 こんな人におすすめ **バランスが崩れやすい**

体幹周りの細かい筋肉を鍛えて トロフィーポーズの動作を安定させる

コツ習得の **メソッド**

不安定なバランスでも サーブ動作を行なえる 体幹を作ろう

トレーニング 体幹周りの筋肉の刺激を感じながら、全身を使って練習しよう。

POINT
体幹周りの
筋肉を意識する

バランスディスク上でのサーブ

①バランスディスクの上に しっかりと前足を乗せる。

②骨盤をまっすぐ立てて、トスアップ。

③重心を保ったまま、しっかりと トロフィーポーズを取る。

足がずれないようにキープすると
体幹周りの筋肉が総動員される

　不安定な状況では、なんとか重心を保とうするために、身体の内側にある、体幹周りの細かい筋肉がたくさん働きます。このような**体幹周りの筋肉を刺激し、鍛えることは、コツ10でも解説したとおり、トロフィーポーズのように「動いていない瞬間の身体のバランスを安定させる」のに大きな効果が**あります。

　体幹周りの細かい筋肉を、実際のサーブ動作の中で刺激する方法が、バランスディスクを使ったサーブです。体験してみるとわかりますが、足を上に置き続けたままサーブ動作を行なうには、たくさんの筋肉の働きが求められます。細かい筋肉が使われている事を意識しながら取り組みましょう。

体幹周りの筋肉を総動員しないと、足がずれてしまう。

④ボールをしっかり見て、ラケットを落とす。

⑤理想的な打点でインパクト。

⑥フィニッシュ時も、バランスボール上に足があるように心がける。

 コツ 33

 こんな人に おすすめ **リズムが単調**

リズムの引き出しを複数持つことで、相手や状況に応じてサーブが選べる

コツ習得の **メソッド**

いろいろなリズムで サーブできる感覚を 身につけよう

トレーニング 「1、2」、「1、2、3」の他にも いろいろなリズムで試してみよう。

「1、2」のリズムでサーブ

POINT
リズムを声に出して 練習してみよう

「1、2」のやや速いリズムでサーブを打ってみる。

リズムを変えることで
自分の型の引き出しが増える

　サーブはテニスの中で唯一自分主導で行なえるプレーなので、自分の型にはまっていいプレーと言えます。ただ、その型が1つしか無いと、どんなサーブを打ってくるのか相手に読まれやすくなり、天候の変化などにも対処しづらくなります。**試合に勝つには、相手や状況に応じて自分の型を自在に変化できるテクニックを身につけておくべき**なのです。

　サーブの型を変えるのに有効なのが「リズムを変える」という方法です。野球のピッチャーは、ランナーなしの時は大きくふりかぶって投げ、ランナーを背負ったら振りかぶらずにクイックモーションで…とリズムを変えてきます。そのイメージで「1、2、3」で、「1、2」で、あるいは「1、2ィの〜、3」で…と、さまざまなリズムで打つ練習をしてみましょう。

MEMO

リズムを変えたサーブで相手を幻惑しよう。

「1、2、3」のリズムでサーブ

POINT
トスの高さなどに
変化をつけよう

「1、2、3」のややゆっくりしたリズムで打ってみる。

第3章

クオリティを高め、勝つための
サーブを手に入れる

最後は、実際の試合で勝つためのサーブを磨きます。
実戦でサーブを入れる、相手の状況に応じてサーブを変える、
試合の流れの中でサーブを使い分けるなど、
これまでに養ったコツを実戦化し、
勝利を引き寄せる戦術、戦略を習得していきます。

コツ 34

こんな人に
おすすめ　**コントロールが悪い**

コントロールの精度を上げ、軌道を意識しイメージする

コツ習得の
メソッド

「空間の目標を狙う」練習で
目標物を正確に向かって打つ力と
サーブのイメージレベルをアップ

トレーニング フルスイングでなくてもいいので、
目標物を正確に狙うサーブを練習しよう。

POINT

フラフープの中心を
通るよう意識を集中

フラフープ通しのサーブ

サーブ軌道の位置にフラフープを掲げてもらう。フラフープの中心を力まずに打って狙い、
相手コートに入れてみよう。

サーブを「軌道」で考えると
イメージレベルがアップする

　相手のコート上のどこかを狙うという意識でサーブ練習をすることはあっても、空間上の目標を狙ってそこへ正確に打ち込むという練習をしているプレーヤーは少ないようです。この**「空間の目標を狙う」という意識が身につけば、サーブの精度は上がるだけでなく、サーブを「点」としてではなく「軌道」で考えられるようになり、イメージレベルも飛躍的にアップ**します。

　そこでおすすめなのが、「フラフープ通しのサーブ」です。初めは自分に近いところに立ってもらい、徐々に距離をあけて難度をアップしましょう。仲間にボールをあててしまいそうで怖い人は、洗濯フックでフェンスにかけたフラフープを狙いましょう。逆に、さらに難度を上げたい人は、ラケットの上の缶を狙ってみるのもいいでしょう。

慣れてきたら、だんだんと距離をのばしていこう。

フラフープ通しのサーブ（フェンスにかける）

仲間にボールをあててしまいそうなら、フラフープをフェンスにかけて練習しよう。

缶狙いのサーブ

難度を大幅にアップしたいなら、缶を狙ってみるのもいいだろう。

 **コツ 35**　 こんな人におすすめ　**サーブの威力をアップしたい**

全身で遠くに飛ばす感覚と実戦に生きる距離感を習得

コツ習得の **メソッド**　「ラケット遠投」で
サーブ動作を見直し
コートの距離感を再確認

トレーニング　インパクトに大きな力が伝わるよう、
全身の使い方を再確認しながらスイングしよう。

ラケット遠投

①たとえば、隣のコートの角など、できるだけ
遠くの位置に仲間に立ってもらう。

②仲間の立っている位置を狙って、体をねじり、いったん

極端な距離での練習で、
飛ばす感覚を身につける

　通常のサーブ練習では、ベースラインから相手のコートを狙って何本も打つことを繰り返していると思います。ネットの近いところにバウンドさせたり、逆にサービスラインぎりぎりを狙ったり、「遠い／近い」という距離のバリエーションを意識して練習していると思いますが、その距離差はせいぜい3mほどだと思います。けれども、サーブ動作の見直しという点では、野球の遠投のように「極端に遠いところまでボールを打ってみる」ことによって、「遠いところまで飛ばすには体幹からの力をしっかり伝えることが必要なのだ」という感覚が再認識できます。そして、**この時に得た感覚は、サービスラインぎりぎりを狙う、遠くに入れるサーブでも大きな効果を発揮**します。

腕の力だけで飛ばそうとしても、ボールは遠くへ飛んでくれない。

　そこで、通常の練習ではあり得ない距離で"ラケット遠投"をしてみましょう。

重心を落としてから、伸び上がってしっかりと打とう。

POINT
全身を
使いきって
ボールを飛ばす

 コツ **36**

  **コントロールが悪い**

近くの目標物を狙い、運動動作を
チェックし、改善点を浮き彫りに

コツ習得の
メソッド

近くの目標物を狙ったサーブで
「*身体の使い方*」の欠点を見つけ、
体幹をしっかり使うスイングを意識

トレーニング 体幹をしっかりと使い、ボールを
叩きつけるイメージでスイングしよう。

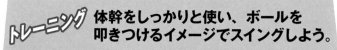

近くの目標物を狙う

3mほど離れた場所にコーンを置く。体をねじり、いったん重心を落としてから、伸び上がって打つ。

正しい運動動作をしないと
近い目標物にあたらない

　コツ35では「極端に遠いところまでボールを打ってみる」トレーニングを紹介しました。ここでは反対に、「極端に近いところにボールを打ってみる」トレーニングを紹介します。

　すぐそこにある目標物にあてる練習をすることで、ネットに近い位置など短い距離にサーブを打ち込む場合のイメージが作りやすくなります。

　それとともに、この練習は正しい運動動作でサーブが打てているかのセルフチェックにも最適です。体幹からしっかり動かすという身体の使い方ができていれば、近くの目標物にボールをあてるのは簡単です。けれども、**体幹を使わず、腕だけ、手だけで打っている人は、距離が近いためにより小さな筋肉だけで対処しようとするため、欠点が浮き彫りになります**。その結果、目標物にあてるのが難しくなるからです。

MEMO

体幹から動き出すイメージで
練習してみよう。

POINT

**思い切り叩きつける
イメージで**

全身をスムーズに使い切る感覚を意識しながら打ってみよう。

コツ 37

こんな人に
おすすめ　**リズムが崩れやすい**

リズムよい体重移動を動作に落とし込み、安定感をアップ

コツ習得の
メソッド

歩きながらのサーブで
リズムキープの感覚を
身につけよう

トレーニング
リズムよく歩きながら、そのリズムを
楽しむようにしてサーブをしよう。

歩きながらの3球連続サーブ

1球目

ボール3つを持ち、歩く動作に合わせてリズムよくサーブしていく。サーブ動作を主に考えるのではなく、

「歩く」という理にかなった
運動動作を最大限活用する

　「歩く」という動作は、「リズムをキープしながら体重移動する」という点から考えて、非常に理にかなった運動動作と言えます。**この理にかなった動作にサーブ動作を落とし込むことによって、リズムよく体重移動させる感覚が身につけられる**のです。

　まずは自然なリズムで、ゆっくりまっすぐネットに向かって歩いてみましょう。次に、ボールを3つとラケットを持ち、さっきのリズムで歩きながら、その流れの中でサーブを3球続けて打ってみましょう。

　一定のリズムを保ちながら動くことに集中して、エクササイズを行なってみましょう。「イーチ、ニィィ、サーン」などと、呼吸を意識しながら歩いてみるのもいいでしょう。

歩きのリズムを主にして、そのリズムにサーブ動作を合わせよう。

POINT
歩くリズムにサーブ動作のリズムを合わせる

2球目

3球目

あくまでも歩く動作が主で、そこに腕の振りをプラスするイメージで行なおう。

コツ 38

こんな人に
おすすめ　**コントロールが悪い**

どこからでも狙える自信を養い
実戦でのコントロール精度をUP

コツ習得の
メソッド

さまざまな位置からコーンを狙う練習で
全身を正しく使って自在にコントロールする
身体感覚を身につけよう

　コーンにあてるという意識を高く持って、
さまざまな位置からトライしてみよう。

さまざまな位置からのコーン狙いサーブ

①コート上のいろんな位置に、いく
つかコーンを置く。1つのコーンに
狙いを定めて、ベースラインから何
球かずつ打ってみる。

POINT
コーンを
しっかりと狙おう

どこからでも狙えるのが
究極のコントロール

　どんな場所からでも、ある１点に正確にサーブを打てるとしたら、それは「究極のコントロールの良さ」と言えると思いませんか？　**あらゆる場所からサーブを自在にコントロールできるという感覚を身につけるために行なうのが、このトレーニングです。**

　コート上に目標物となるコーンをいくつか置きます。まずはベースラインから、コーンを狙ってサーブ練習をしてみましょう。そのあとは、通常ではサーブをしない位置からコーンを狙ってみましょう。フェンスぎりぎりの位置からサーブをするのも良いし、サービスラインから狙ってみるのもいいでしょう。ベースラインからのサーブ練習だけでは、サーブに対する考え方も、実際のフォームもどんどん窮屈になってきます。その窮屈さを壊すのも、大きな目的です。

MEMO

さまざまな場所に立って、コーンを狙ってみよう。

②その後は、例えばフェンスぎりぎりの位置など、普段サーブを打つことのない位置に移動し、何球かずつ打ってみよう。

POINT

全身を正しく
使って
コントロールしよう

コツ **39**　こんな人に おすすめ　**サーブの威力をアップしたい**

ボールのとらえ方をチェックし、的確に力を伝えて威力をアップ

コツ習得の **メソッド**

ビーチボールヒットで
「**中心をつかまえる**」感覚を身につけ
ボールを押さずに、押さえることを意識

トレーニング ビーチボールをよく見て、ボールを
つかまえる感触をしっかりと感じよう。

ビーチボールヒット

①ビーチボールを手に持ち、トスアップする。

②ボールをしっかりと見て、中心を

うまくつかまえられないと
押さえられず山なりの軌道に

テニスボールのように小さなボールの場合、ラケット面がボールをどんなふうにとらえているかわかりにくいのですが、ビーチボールのように大きなサイズになると、ボールをどのようにとらえているかが明確になります。このメソッドは、ボールをどのようにとらえているかをセルフチェックし、さらにとらえ方のレベルをアップするためのものです。

ビーチボールをとらえる際は、**ボールの中心に意識を集め、その中心を「バンッ！」とつぶすイメージで打ちましょう。この感覚が「ボールをつかまえる」動作のベースとなります。**

ボールをうまくつかまえられないプレーヤーは、ボールを押してしまい、押さえることができないので、山なりの軌道になってしまいます。その結果、威力のあるサーブを打つことが難しくなります。

ボールをつかまえられないと、山なりの軌道になってしまう。

POINT
ボールの中心を
つかまえる

POINT
ボールを
しっかり押さえる

「バンッ！」とつぶすイメージで打つ。　③ボールを押さえることを意識して、フォロースルー。

こんな人に
おすすめ　**ボールの回転の質を上げたい**

回転のしくみを視覚化して
ボールを切る感覚を効率的に体得

コツ習得の
メソッド　**地球儀を回して
回転のメカニズムを
再確認しよう**

トレーニング　スライス、スピン、それぞれの回転の
与え方の違いを意識しながら取り組もう。

地球儀にスライス回転をかける

地軸　ラケットの方向

POINT
赤道を横に回す
イメージでスイング

地球儀の地軸をラケットと平行にセット。ラケット面で地球の端を切るように動かし、地球を横回転させる。

スライスは赤道を横に回す
スピンは赤道を縦に回す

地球儀をうまく活用することで、視覚的に回転のメカニズムを理解でき、さらにはボールを回転させる感覚を効率的に体得できます。

地球儀には、地軸があります。この**地軸に対して、どういう方向の力を与えてやれば地球儀が回るのかを考えながら練習してみるのです。**

例えば、スライスサーブの練習の場合、地球儀の持ち手には地軸がラケットと並行になるように持ちます。赤道を横に回すイメージでラケットを動かし、スライス回転をかけましょう。スピンサーブの練習の場合は、地軸を水平に、赤道が縦になるように持ちます。そして、赤道を縦に回すイメージでスイングし、スピン回転をかけてください。

地球儀をテニスボールに見立てて練習してみよう。

地球儀にスピン回転をかける

ラケットの方向

地軸

POINT
**赤道を縦に回す
イメージでスイング**

地球儀の地軸はできるだけ水平にしてもらう。ラケット面で地球の端をこすり上げるように動かし、地球を縦回転させる。

 コツ **41**

 こんな人におすすめ｜**リズムが崩れやすい**

サーブ動作前のルーティーンで平常心やリズムを保つ

コツ習得の **メソッド**

自分にとって心地よいリズムや一連の動きを研究し確立することで最大限のパフォーマンスを発揮しよう

トレーニング いろいろな動きの組み合わせを試して自分に最適なルーティーンを探そう。

ルーティーンの一例

①ベースラインの奥で、ラケットでボールを何度かつく。

②ベースラインに向かって歩いてくる。

③ベースラインに着いたら、相手のようすを観察する。

自分にとって心地よい
リズムの動きを決めておく

サーブは、すべてのプレーの中で唯一自分が主導できるプレーです。試合に勝つためには、このメリットを最大限に生かさない手はありません。よく「自分の間合い」あるいは「自分のリズム」などと言いますが、それを創り出すのが、サーブ動作に入るまでのルーティーンです。

ここでは、「ルーティーン＝繰り返し行なう動作」を指します。野球やゴルフでの打球の前に行なうルーティーンが有名です。例えば、まずラケットでボールをつき、そのあとでベースラインまで歩いて手でボールをつき、そのあとに相手の様子を観察して…などというように、**自分にとって心地よいリズムや平常心が保てる一連の動きを研究し、決めておくのです。**そして、実際のゲームでこの動きを再現すれば、自分のパフォーマンスを最大限に発揮できます。

MEMO

自分のルーティーンがあると、平常心を保ちやすい。

POINT

自分に合う ルーティーンを 確立しよう

④ボールを手で何度かバウンドさせながら、どんなサーブを打つか考える。

⑤構えながら、再度相手のようすを観察し、サーブを最終決定。

⑥サーブ動作に入る。

コツ 42

こんな人に
おすすめ　**ボールの回転の質を上げたい**

回転の状態を視覚化して
サーブの質を改善する

コツ習得の
メソッド

**「プレイ＆ステイ」用の3段階の
飛ばない＆ツートンカラーやドットの
ボールで回転を意識してサーブを練習**

トレーニング　「プレイ＆ステイ」のボールを有効活用し、
回転の質をチェックしながら行なおう。

レッド（空気圧25％）を使ったサーブ

POINT
速度と
向きに注目

インパクト後のボールを目で追って、回転の質をチェックしよう。

飛ばない＆ツートンカラーの
ボールで回転を視覚化する

　ここでは、ボールへの回転の質をチェックし、高めるメソッドを紹介していきましょう。ITF（国際テニス連盟）がテニス人口の増加やテニス技術の習得を簡単にするために考案した「プレイ＆ステイ」というプログラムがあります。誰でもテニスを楽しめるように、身体のサイズや上達度に合わせてステージが3段階に分けられ、各段階で違うボールが使われます。

　通常のボールに比べてボールの空気圧が弱く、飛びが抑えられているのですが、「**ボールをつかむ感覚が得やすいこと**」「**ツートンカラーになっていること**」から、ボールの回転の質を確認するのに最適なのです。ステージ1はレッド（空気圧25％）、ステージ2はオレンジ（空気圧50％）、ステージ3はグリーン（空気圧75％）です。うまく活用して、回転の質を視覚化してみましょう。

「プレイ＆ステイ」で使われる、3種類のツートンカラーのボール（2014年1月よりグリーンボールは通常の単一のイエローボールとなり、グリーンのドットのみが印字されています）。

オレンジ（空気圧50％）、グリーン（空気圧75％）を使ったサーブ

慣れてきたら、オレンジ、グリーンと、より実際に近いボールでやってみよう。

POINT
回転の質を
意識する

 コツ **43**

　こんな人に
おすすめ　**ボールの回転の質を上げたい**

どんな回転を与えるかを明確に
イメージし身体全体で実現

コツ習得の
メソッド　**「プレイ＆ステイ」のボールを使い
横回転のスライス、縦回転のスピンの
精度を高める**

トレーニング　今まで習得してきた全身の使い方を
生かして、しっかり回転させよう。

スライスサーブの練習

POINT

ボールの側面を
ラケットで切る

ボールの外側をラケット面でこすり、ボールを横回転させる。飛ばない＆ツートンカラーで回転をしっかりチェック。

細かいチェックポイントよりも
回転させるイメージが重要

　スライスサーブが横に曲がる軌道を描く（野球に例えるなら横に変化するスライダー）サーブであるのに対し、スピンサーブは曲がり落ちる軌道を描く（野球で言えば縦に変化するカーブ）サーブです。

　これらのサーブを上達させる上で大事なのは、腕の細かい使い方よりもむしろ「ボールにどういう回転を与えるかのイメージがあること」です。なぜなら、明確なイメージがあれば、身体はそのイメージを実現するために動いてくれるからです。コツ40でも解説しましたが、地球儀の地軸をどう回すかを意識しながら練習し、回転の質を高めていきましょう。ここでは、「プレイ＆ステイ」のボールを使って、より実戦に近い形で行なってみます。

MEMO

地球儀の地軸を回転させるイメージで取り組もう。

スピンサーブの練習

POINT
ボールを下から
上へこすり上げる

ボールを下から上へラケット面でこすり上げ、縦回転させるイメージでスイングする。ボールを目で追って落ちる軌道を確認し、練習する。

コツ 44

こんな人に
おすすめ | **ボールの回転の質を上げたい**

軌道をイメージした改善で
実戦で使えるサーブに仕上げる

コツ習得の
メソッド

バウンド時に、スライスは横に滑らせる、
スピンは大きく跳ね上がる軌道となっているか
それぞれチェックし、イメージして打つ

トレーニング　今まで習得した、回転の質を上げる
メソッドを総動員して練習してみよう。

スライスサーブの軌道チェック

POINT

バウンド時に
横に滑らせる

バウンド時に横へ滑らせ、外へ逃げていく軌道をイメージし、打ってみる。

相手プレーヤーの存在と
軌道をイメージして練習

　地球儀を使ったイメージ化、「プレイ＆ステイ」のボールを使っての視覚化などを行なった後は、実際のコート上でサーブの回転の質をあらためてチェックしてみましょう。回転の質が明らかにアップしているはずです。

　コート上の練習で大切なことは、それぞれのサーブの回転に加え、軌道をイメージすることです。**スライスサーブの場合は、バウンド時にスライドし、相手プレーヤーを走らせるような軌道を**イメージしましょう。**スピンサーブの場合は、バウンド時に相手プレーヤーの前で大きく跳ね上がるような軌道を**イメージしましょう。回転をかけないフラットサーブも時折交えながら練習すると、スライスサーブ、スピンサーブとの違いがより鮮明化し、各々のサーブの質が高まります。

フラットサーブも交えながら練習してみよう。

スピンサーブの軌道チェック

POINT
バウンド時に
大きくキックさせる

バウンド時に大きくキックし、跳ね上がる軌道をイメージし、打ってみる。

こんな人に
おすすめ　**実戦に弱い**

入れるだけのセカンドを卒業し ゲームのキープ率をアップ

コツ習得の
メソッド

実際のセカンドサーブを打つように
1球1球仕切り直し、「絶対に入れる」という
イメージ練習でセカンドサーブを強化

トレーニング　セカンドサーブ強化は、上達の大命題。
シチュエーションイメージを高めて行なおう。

POINT

打ち方は
ファーストと同じ。
「入れる意識」を
強く持つ

1カゴすべてフォルト禁止

1カゴ分のボールを用意。すべてセカンドサーブの設定でサーブし、すべてのボールを入れる。
1球でもフォルトになったらやり直す。

ファーストとセカンドで
打ち方に違いはない

　多くのプレーヤーは、ファーストサーブに磨きをかけることに意識を集中させてしまい、セカンドサーブの強化を怠ってしまいがちです。つまり、「ファーストでドカーン、セカンドは入れるだけ」になっているので、ファーストが入らなければポイントを取られてしまう人がとても多いのです。

　ファーストとセカンドで、打ち方に違いはありません。敢えて言えば、セカンドのほうが「入れる意識」が少し強いだけです。セカンドサーブにおいてもっとも大切なことは「しっかり打って絶対に入れる」ということです。そのためにはセカンドサーブのシチュエーションをイメージし、その上で「1カゴ分のボールをすべて入れる」「1球1球仕切り直して打つ」など、実戦感覚を伴ったセカンドサーブの練習をすると効果的です。

入れるだけのセカンドではなく、しっかりと打つことが大切。

1球ずつ仕切り直してサーブ

POINT
ファーストを外した後をイメージして仕切り直す

流れ作業のようにどんどん打つのではなく、1球1球仕切り直して大切に打つ。これは、実際のセカンドサーブを打つ状況に近い設定と言える。

 コツ 46

ラケット動作や打点を変えずに
イメージする球種、コースに打つ

**コツ習得の
メソッド**

トスアップ後の指示出しで軌道をイメージし
打ち分ける練習で、相手の動き次第で
コースを変える柔軟性を身につけよう

トレーニング インパクト時の動きの違いだけでさまざまな
サーブが打てることを体感しよう。

トスアップ後に指示を受けてのサーブ

ワイド！

仲間に背後に立ってもらい、トスアップをした瞬間に、「ワイド」あるいは「センター」と、
コースの指示を出してもらう。

どんな球種、コースでも
ほぼ同じ打ち方で打てる

サーブによってラケット動作や打点が大幅に違えば、相手プレーヤーにどのようなサーブを打つかがわかってしまいます。よく「サーブの種類や打ちたいコースによって、ラケット動作や打点を変えるべきですか?」という質問を受けますが、「**変えるべきではありません。インパクト時の動きはもちろん違いますが、それ以外はどんなサーブでもほぼ同じ動き、同じ打点で打てます**」と答えます。そ

のように打てれば、たとえトスアップ後でも、相手の状況次第でサーブの種類やコースを変えることが可能です。

この感覚を手に入れるのに有効なのが「トスアップ後に指示された内容のサーブを打つ」というメソッドです。初めは「センター」「ワイド」などのコースを、出来るようになったら「センター／スライス」など、コースと種類を指示してもらいましょう。

スライス(左)の動作も、スピン(右)の動作も、同じであるべき。

指示を受けてサーブの
イメージを作る

そのとおりのコースにサーブを打ち込もう。慣れてきたら「ワイド／スライス」「センター／スピン」など、種類も指示してもらおう。

コツ 47

ゲームカウントや場面を設定した練習で実戦でのクオリティを向上

コツ習得の
メソッド

実戦に近いシチュエーションイメージで気後れせず、どんな場面でも堂々と演じられるメンタルを身につける

トレーニング　さまざまな場面設定を思い浮かべ、その場面で堂々と自分を演じてみよう。

場面設定をしてのサーブ練習

POINT
シチュエーションを
決めて自分を演じる

① 「ゲームカウント 5-2 の 40-15、ファーストサーブ。思い切って狙っていこう」

② 「相手の体勢を見る限り、ワイドを狙えばサービスエースが取れるかもしれない」

ゲームカウントを具体的に
設定した上でサーブを打つ

「誰もいないコートに目標物を置き、それを狙う練習では素晴らしいサーブが打てる。なのに、相手がレシーブポジションに立った途端、さっきまでのサーブが打てなくなる」というプレーヤーは多いようです。相手が立つといいサーブが打てなくなるのは、**その時点でネガティブなメンタルが働き、場面に気後れしてしまうからです。これを解消するには、その場面で自分を堂々と演じられるかどうかが大きなポイントです。**

そのために有効なのは、相手を立たせ、自分で場面設定をしてからサーブを打つことです。例えば「ゲームカウント2-5の、15-40でのセカンドサーブ」といったように、ダブルフォルトするとセットを取られる設定をしてみます。限りなく実戦に近い形でサーブ練習を繰り返すことで、試合でも高いクオリティのサーブが打てるようになります。

そのシチュエーションで主役を演じる
気持ちで行なおう。

③「よし、サイドラインぎりぎりを狙って
スライスサーブを打つぞ」

④「イメージ通りのノータッチエー
ス。これで、このセットを取れたぞ」

コツ **48**

相手プレーヤーの弱点を把握し、ゲーム運びを有利にする

コツ習得の
メソッド

試合前の練習を、自分の状態だけでなく
相手に打たせて観察して、
苦手や実力を確かめるチャンスとして活用

トレーニング 試合前のサーブ練習を、相手にいろいろ
やらせてみる機会ととらえておこう。

試合前のサーブ練習

POINT
どんな特徴が
あるか観察する

①相手のフォアサイドにサーブを打ち込んで、相手のリターンを観察する。

試合前に弱点を情報収集
ゲームでその弱点を突く

テニスは、相手のいないところにボールを打ち、相手の弱点を突いて勝利を得るスポーツです。そのため、「相手の弱点をいかに見抜くか」は、試合に勝ちたいプレーヤーにとって非常に重要なポイントとなります。

試合前には通常、お互いのコートに分かれて、ストローク練習やサービス練習を行ないます。この時、**例えばサーブを2本打てるとしたら、1本目はバックハンドでリターンさせるサーブを、2本目はフォアハンドでリターンさせるサーブを打ってみる**のです。そうすれば、相手プレーヤーはどちらが苦手か分かります。さらに別のサイドからも2本打てるとしたら、先ほどとは方向や回転の質が違うサーブを打って、さらに相手の実力を確かめるのもいいでしょう。試合前のサーブ練習を、相手を観察するための時間として有効活用するのです。

自分の状態だけでなく、相手のリターンを観察する機会に充てよう。

POINT

相手が立つ位置も
観察してコースを
決めて打とう

②今度は相手のバックサイドにサーブを打ち込んで、相手のリターンを観察する。

コツ 49

こんな人に
おすすめ　**実戦に弱い**

サーブ後の動きで相手のコースを
ふさぎ、キープ率をアップ

コツ習得の
メソッド

「ヒット＆ムーブ」の意識で、
足を止めず自分のリズムを創り、
レシーブにスムーズに対応しよう

トレーニング　試合前のサーブ練習などでも、
意識して足を動かすようにしてみよう。

ヒット＆ムーブの練習

サーブを打ち終わった瞬間から、相手の次の攻撃に備えて足を動かしていく。

自分のサーブに酔わず、
相手の得意コースをふさぐ

　　サーブを打った直後、相手はすぐにレシーブをしてきます。けれども、自分のサーブの行方にばかり気持ちがいって、リターンの体勢を取るのが遅れているプレーヤーが目立ちます。特に素晴らしいサーブが入った時に「このサーブはレシーブできないだろう」と油断して遅れてしまい、いいレシーブを返されて逆にポイントを取られてしまう…そんな自己陶酔型の人も多いようです。

　　ラリーをしている時は、ボールの動きに合わせて自然とリズムが出来てくるものですが、サーブおよびサーブ後の動作は自分でリズムを創り出すことが求められます。**サーブを打ったら、すぐに相手の次の攻撃に備えて体勢を作る「ヒット＆ムーブ」を心がけましょう。**常にこの意識を持つと相手のレシーブの得意コースをふさぐことができ、サービスゲームのキープ率が上がっていきます。

MEMO

「ヒット＆ムーブ」の意識を持ち、
足を止めないことが大切。

POINT
足を動かして自分で
リズムを創り出す

足を動かしていくことで自分のリズムを創り出し、レシーブにもスムーズに対応できるようになる。

コツ50

こんな人におすすめ　**実戦に弱い**

ゲームの流れを俯瞰し、状況に応じてサーブを使い分ける

コツ習得のメソッド　野球の「投手交代」の感覚でさまざまなサーブを使い分けてゲームの主導権をキープしよう

トレーニング　自分が野球の監督になったつもりで、ゲームの流れを俯瞰しながら使い分けよう。

POINT
さまざまなタイプの"ピッチャー"を演じよう

"投手交代"の感覚でサーブを使い分ける

①ときには「速球派」として、スピード重視のサーブを相手に打ち込み…。

何役ものピッチャーを
１人でこなすイメージで

　誰にも打てない速球を投げ込む先発完投型のピッチャーがいれば別ですが、ほとんどの野球の試合は、タイプの違う複数のピッチャーの継投で乗り切っています。野球と同様にテニスにもゲームの流れがあるにもかかわらず、選手交代はできません。つまり、テニスプレーヤーには「自分１人で何人ものピッチャーを務める意識」が求められるのです。

　もしもあなたが「誰でも打てない速球＝速いサーブ」を打ち続けられるビッグサーバーなら話は別です。けれども、そ

ういうタイプでなければ、**場面に応じて自分自身のサーブに変化をつけることで、ゲームのリズムや流れを変えていかなければ試合に勝てません**。ナダルも錦織も決してビッグサーバーではなく、状況に応じてサーブを使い分けています。"投手交代"の意識でサーブを使い分け、より高いレベルで試合を楽しみましょう。

状況に応じてサーブを使い分け、
ゲームの主導権をキープしよう。

②場面次第で、今度は「技巧派」として、コントロール重視のサーブを打ってみよう。

サーブQ＆A

サーブに関する知識をおさらいしたら、
トーナメントに出場して実力試しをしよう！

筋トレは必要ですか？

筋肉1kgあたりで出せるパワーの量は決まっています。筋肉
の量が多ければ多いほど、大きなパワーを出すことができる
ので、筋トレはもちろん効果的です。

と、同時に「できるだけ大きな筋肉を使う」という考え方が重要です。
腕の筋肉を使ってパワーを出すか、体幹周りの筋肉を使ってパワーを
出すか…答えはもうわかりますよね。また、パワーを伝えるという意味
では、股関節の可動域の広さ、肩関節の可動域の広さも大きなポイン
トになります。

サーブにトレンドはあるのですか？

時代、時代によって、たしかにサーブにトレンドはあります。例えば、現在は
大きなフォームで「1、2、3」のリズムで打つよりも、腕をすっと上げて「1、
2」の速いリズムで打つプレーヤーが主流を占めているようです。

ただし、こういったトレンドは一時的なものです。トップレベルの戦いでは、例えば
ノータッチエースを決めまくるビッグサーバーが勝ちを重ねていても、それを打ち破
るプレーヤーがすぐに現れます。すると、速いサーブから角度のあるサーブへとトレン
ドが移っていくものです。トレンドを追うよりも、試合状況に応じていろんなバリエー
ションのサーブを打てるプレーヤーになることが勝利への近道と言えます。

Q 「機能分析」という考え方は、なぜ重要なのですか？

A 「型」から入る「経過分析」は、医療で言えば対処療法です。それに対して、身体の正しい使い方を学ぶ「機能分析」は、根本治療と言えます。

試合の場面をイメージしてみましょう。相手プレーヤーは、なんとかあなたのリズムを乱そう、あなたの得意なプレーを封じようと、さまざまなことを仕掛けてきます。そんな状況下で体勢を立て直すには「立ち戻るべき原点」を体得できていないと無理なのです。

相手にいった流れを取り戻さなければならない状況で型ばかりを意識する考えを持っていても、実戦ではほとんど意味を持ちません。「自分のリズムで全身の力をラケットに伝えよう」と考えることが、最大のパフォーマンスを引き出すことにつながるのです。

ダブルスゲームでのサーブの注意点は？ **Q**

A ダブルスでは、相手の返球可能範囲を2人で分担して守ります。相手の返球可能範囲が狭くなればなるほど、パートナーがポイントを決めるチャンスも大きくなります。

したがって、「相手の返球可能範囲を狭めるサーブ」を心がけることが大切です。

例えば、相手プレーヤーのフットワークが悪いようなら、ワイドに切って相手から遠ざかるサーブを打つことで、相手の返球可能範囲が狭くなるでしょう。逆に、センターに打ってバックハンドで返させるとポーチしやすいリターンが上がるのなら、そこを狙ってみるのもいいかもしれません。

自分と相手プレーヤーとの関係を考えながら「相手の返球可能範囲を狭めるサーブ＝ペアとして次の戦術を作りやすいサーブ」を打ちましょう。

Q トーナメントはどのように選べばいいですか？

A テニススクールが主催する大会、市区町村などが主催する大会、企業と市区町村が一体となって主催する大会など、希望すれば基本的に誰でも参加できるトーナメント大会が、全国各地で数多く行なわれています。また、大会の開催日程も、1日だけのものもあれば、1泊2日で行なわれるものもあります。

「テニス　大会」などでインターネット検索すれば、さまざまな大会を見つけられます。自分の実力と経験に見合う大会を探し、ぜひ出場してみましょう。

サーブ Q&A

Q トーナメントに出る場合の注意点は？

A トーナメントでは通常、試合時間に一定以上（15分など）遅れた場合、棄権とみなされ、失格となってしまいます（default：デフォルトを略して「デフォ」と呼びます）。大規模なトーナメントでは「試合会場には来ていたが、プレーコートにいなかった」という人も見かけます。コートを確かめ、少し余裕を持ってプレーコートに向かいましょう。

また、会場によっては白い服装の着用が求められる場合もありますし、雨天時にインドアコートに会場を移したり、ゲーム方式を変更し短縮して行なう大会もあります。これらのことは基本的に各大会規定に記載されているので、事前にしっかり読んでおきましょう。

大会規定のチェックポイント
〈進行やマナーについて〉
□服装のNGはあるか？
□悪天候時の判断はどのようにされるか？
□食事を持っていく必要はあるか？
□空きコートは練習使用可能か？

Q トーナメントを戦う際、何に気をつければいい？

A 一般参加形式のテニストーナメントでは、セルフジャッジ方式が採用されています。これは、審判がおらず、あなたのコートに落ちたボールの「イン」「アウト」（サーブにおいては「フォルト」かどうか）のコールは、あなたの責任で公平にジャッジするという方式です。「アウト」の場合、コールおよびハンドシグナルで相手に伝えましょう。ダブルスの場合は、どちらかがコールおよびハンドシグナルすればOKです。

もしもジャッジを迷った場合は、「イン」をコールします。相手のポイントになりますが、迷ったら相手に有利なジャッジを下すのが、セルフジャッジのマナーです。この考え方は、ダブルスで自分とパートナーのジャッジが割れた場合にも適用できます。

その他、「デュースになった場合はノーアドバンテージ方式か？」「タイブレーク方式が採用されているか？」なども事前に確認しておくと良いでしょう。

大会規定のチェックポイント
〈ゲームルールについて〉
□セルフジャッジ方式か？
□ノーアドバンテージ方式か？
□タイブレーク方式か？
□試合前の練習はどのように行なうか？

監修者

日本テニス協会Ｓ級エリートコーチ

神谷 勝則（かみや・かつのり）

1963年生まれ。日本テニス協会Ｓ級エリートコーチ。日本体育協会テニス上級教師 上級指導員。ヨネックス株式会社アドバイザリースタッフ。

グランドスラム出場選手をゼロから育てた実績を始め、全日本選手権シングルスチャンピオンなどを多数育成。ツアープロのコーチはもちろんのこと、プロコーチからの依頼で「コーチのコーチ」も実施している。

また、コーチング技術、体の仕組みの徹底的な研究成果を活かしたトレーニング理論をセミナー等で展開し、延べ30万人以上の指導実績を持つ。現在は、指導者養成やテニスの普及活動に力を注いでいる。

ブ ロ グ　http://www.tennis-navi.jp/blog/show_kamiya/

ホームページ　http://www.show-kamiya.jp/

Instagram　kamiyakatsunori

モデル

梅木美穂さん（左）、平下博幸さん（右）にご協力いただきました。

撮影協力：泉中央テニスガーデン

STAFF

監修／神谷勝則

編集・執筆／高橋淳二、野口武 (以上 有限会社ジェット)

本文デザイン・図版／高橋正樹 (有限会社 MxD)

撮影／今井裕治

DTP／株式会社センターメディア

テニス サービス上達 完全バイブル 差がつくトレーニング

2021年9月30日 第1版・第1刷発行

監 修　神谷 勝則（かみや かつのり）

発行者　株式会社メイツユニバーサルコンテンツ

代表者　三渡 治

　　　　〒102-0093 東京都千代田区平河町一丁目 1-8

印 刷　株式会社厚徳社

◎「メイツ出版」は当社の商標です。

ご意見・ご感想はホームページから承っております。

ウェブサイト　https://www.mates-publishing.co.jp/

編集長：折居かおる　企画担当：折居かおる

※本書は2012年発行の『必勝のサービスポイント50差がつくテニス!最強レッスン』を
　元に、加筆・修正をし、書名・装丁を変更し再発行しています。